Richard Landau

Geschichte der jüdischen Ärzte; Ein Beitrag zur Geschichte der

Medicin

Richard Landau

Geschichte der jüdischen Ärzte; Ein Beitrag zur Geschichte der Medicin

ISBN/EAN: 9783743356757

Hergestellt in Europa, USA, Kanada, Australien, Japan

Cover: Foto ©ninafisch / pixelio.de

Manufactured and distributed by brebook publishing software
(www.brebook.com)

Richard Landau

Geschichte der jüdischen Ärzte; Ein Beitrag zur Geschichte der

Medicin

Geschichte

des

PLUSQUAMPERFEKTS

im

Lateinischen

von

Dr. H. Blase,
Gymnasiallehrer in Giefsen.

Giefsen.
J. Ricker'sche Buchhandlung.
1894.

Vorwort.

Daſs eine umfassende, systematische Behandlung des Plusquamperfekts noch sehr zu wünschen übrig bleibe, hatte schon Haase in der Anmerkung 456 zu Reisig's bekannten Vorlesungen über lateinische Sprachwissenschaft (Neubearbeitung von Schmalz und Landgraf, Berlin 1888) ausgesprochen, aber niemand hat bis jetzt die Aufgabe in die Hand genommen, und die treffliche Arbeit des Romanisten Foth: Die Verschiebung lateinischer Tempora in den romanischen Sprachen (in Böhmer's Roman. Studien, Heft 8, Straſsburg 1876) hat zwar den Weg gezeigt, auf welchem der Latinist zu einer historischen Darstellung des Plusquamperfekts kommen kann, diese Frage aber selbst nicht gelöst. Der Verfasser hat vor vielen Jahren Sammlungen zu diesem Zwecke begonnen, und auch die hier vorgetragene Erklärung der in den Mittelpunkt der Untersuchung gestellten Tempusverschiebung stand ihm schon lange fest. Zur beschleunigten Ausarbeitung bewog ihn zunächst die Verpflichtung, sich eingehender als bisher mit der Lehre von den Tempora und Modi sowie von der sogenannten Consecutio temporum zu

befassen, dann aber auch das Bedürfnis, seinen in einer
früheren Schrift (Geschichte des Irrealis, Erlangen 1888)
vorgetragenen Ansichten eine neue Stütze zu geben.
Die Ergebnisse der Arbeit stimmen vollkommen zu den
bekannten Ansichten Wölfflin's über Vulgärlatein, die
kürzlich Miodonski im Archiv VIII, p. 146 ff. von
neuem formuliert hat, nicht aber zu der Verwerfung des
Vulgärlateins, wie sie durch Sittl im Jahresbericht
über Vulgärlatein, Bursian's Jahresbb. 1891, Bd. 68,
geschehen ist. Auch hofft der Verfasser, der Lehre
von einem absoluten Plusquamperfektum durch diese
Untersuchung den Boden entzogen zu haben.

Giefsen, 1. März 1894.

Dr. H. Blase.

Inhalt.

//////////////////////

I. Kapitel.

Der Indikativ des Plusquamperfekts.

§ 1. Die Lehre vom selbständigen und bezogenen Gebrauch der Tempora.

Früher pflegte man die Tempora in absolute und relative
(= selbständige und bezogene) einzuteilen[1]). So lehrt noch Haase,
Vorlesungen II, p. 211, vom Imperfektum und Plusquamperfektum,
dafs sie stets relativ sind, also auf ein anderweitig schon gegebenes
Präteritum sich beziehen, ohne dessen Voraussetzung sie keinen Sinn
haben. Gegen diese Auffassung trat zuerst E. Hoffmann auf in
der bekannten, jetzt in dritter Auflage vorliegenden Schrift: „Die
Konstruktion der lateinischen Zeitpartikeln". Er behauptete, dafs
Imperfektum und Plusquamperfektum nicht nur relativ, sondern
auch absolut gebraucht würden sowohl in Hauptsätzen als namentlich im Zeitsatze, wenn sie nach Temporalkonjunktionen im Indikativ erscheinen. Hier deckten sich die Begriffe: logisches Plusquamperfektum und absolute Zeitgebung. Der Konjunktiv in Temporal-
sätzen nach cum sei eine Folge des allmählichen Relativwerdens
dieser Tempora. Diese von Lübbert[2]) angenommene Theorie hat
einen scharfen und siegreichen Gegner in Hale[3]) gefunden, der
zwar den Unterschied von relativer und absoluter Zeit anerkennt,
aber dem Begriff der Relativität eine ganz andere Deutung giebt.
Indem ich bezüglich der Widerlegung der Hoffmann-Lübbertschen
Theorien auf die Ausführungen Hale's verweise, wiederhole ich hier

---

[1]) Vgl. H. Lattmann, Selbständiger und bezogener Gebrauch der Tempora im Lateinischen. Göttingen 1890, p. 1 f.
[2]) Die Syntax von Quom und die Entwickelung der relativen Tempora
im älteren Latein. Breslau 1870.
[3]) Die Cum-Konstruktionen, übersetzt von A. Neitzert. Leipzig 1891.

Dr. H. Blase, Gesch. d. Plusquamperfekts im Lateinischen.   1

nur, was er über die Natur des Imperfekts und Plusquamperfekts
p. 14 in kurzer Zusammenfassung lehrt: „Plusq. und Impf.
drücken zwei Dinge aus und nur allein zwei Dinge, nämlich 1) wo
die Zeit liegt, welche der Redende als seinen Standpunkt im
Auge hat (nämlich in der Vergangenheit, Gegenwart und Zukunft),
2) bis zu welchem Punkte die Handlung in der Zeit vorgeschritten
war; und zu diesen beiden Vorstellungen fügt unser Empfinden
unbewufst noch eine dritte als zweifellose Folgerung, nämlich die
der Priorität der Thätigkeit oder ihrer Gleichzeitigkeit mit der
Zeit, welche der Redende im Auge hat." Hiergegen hat, wie mir
scheint mit Recht, Lattmann a. a. O. p. 51/52 zweierlei eingewendet:
1) dafs der Standpunkt des Redenden, von dem er ausschaut,
immer nur einer sei, nämlich der in der Gegenwart; 2) dafs nur
im Vergleich mit einem anderen Geschehen (bzw. Sein) ein Geschehen
(bzw. Sein) vor-, gleich- oder nachzeitig empfunden werden kann.
In der That sieht die Sache auch gleich verständlicher aus, wenn
Hale einen praktischen Fall erklärt wie die bekannte Stelle des
Phädrus: ad rivum eundem lupus et agnus venerant etc. „Venerant", sagt Hale p. 20, „bedeutet an und für sich nur: zu einer
bestimmten Zeit (welche ich Phädrus im Auge habe) waren gekommen; stabat bedeutet nur: zu einer bestimmten Zeit stand;
und intulit nur: brachte auf. Jedes dieser 3 Tempora ist in ge-
wissem, wahren Sinne des Wortes absolut. Aber beim Lesen fühlen
wir vollkommen heraus, dafs Phädrus hier immerfort eine und dieselbe Zeit im Auge hat; wir gruppieren die 3 Verba zeitlich zusammen. Und so sind das Plusq. venerant und das Impf. stabat
praktisch genommen, in einem gewissen anderen wahren Sinn, auf
intulit bezogen." So sind auch bei Livius 8, 13, 2—3 die Imperfekta
erat decrant aspernabantur videbatur an und für sich absolut; aber
dafs sie in der Erzählung nebeneinanderstehen, und nichts andeutet,
dafs der Schreiber einen Sprung gemacht habe, führt zu der Auffassung, dafs sie alle Thatbestände einer und derselben Vergangenheit angeben, von welcher der Schreiber zu uns redet, dafs sie also
einander gleichzeitig sind. „Aber", fährt Hale fort, „das bedeutet
nichts anderes als die gute, alte Ansicht, dafs der Indik. Impf.
und Plusq. relative Tempora sind." Wenn das wirklich die Anschauung derjenigen war, welche an der alten Ansicht festhielten,
so wüfste ich nicht, warum diese Relativität nicht auch anderen
Tempora eigentümlich sein sollte. Nur im Vergleich mit einem
anderen Geschehen, sagte Lattmann, kann ein Geschehen als

gleich-, vor- und nachzeitig empfunden worden. Nun besteht aber zusammenhängende Rede aus einem fortwährenden solchen Vergleichen. Also werden alle Tempora im Zusammenhang der Rede relativ gebraucht werden, sei es daſs eine Tempusform vorangeht oder nachfolgt, auf welche die Beziehung sich erstreckt, sei es daſs ein bestimmtes Geschehen oder ein bestimmter Zustand in Gedanken vorschwebt, dem sich das Tempus zeitlich anschlieſst. Mit Recht sagt also W a l d e c k, der die neueren Theorien vom selbständigen und bezogenen Gebrauch der Tempora ebenfalls bekämpft, vom Perfektum [1]): „bei dem Beispiel accessi ad aedes, puerum evocavi, respondit, quaesivi dominum, domi negavit esse drücken die Perfekta doch unzweifelhaft aus, daſs die Handlungen zeitlich auf einander folgen und innerlich zusammenhängen wie die Glieder einer Kette, sie sind also in Beziehung zu einander gebracht". Wenn er dann fortfährt: „während dieselben Sätzchen, wenn ich sie etwa bei einem Verhör als Antworten auf gestellte Fragen ausspreche: hast du den Burschen gerufen? Ja, ich habe ihn gerufen etc, als selbständige Urteile erscheinen, die ich jetzt ausspreche, bei denen also die obige Beziehung zu einander völlig verloren geht", so braucht man m. E. diesen Schluſs nicht einmal zu ziehen, kann vielmehr die Fragen und Antworten ebenso gut wie vorher als Glieder einer zusammenhängenden Kette betrachten. Und so meine ich denn, daſs wohl die Untersuchung der Beziehungen der Tempora unter einander fruchtbringend sein kann, nicht aber das Suchen nach einem absoluten Tempusgebrauch, der ohne Beziehung stünde zu einer genannten oder gedachten Zeit. Es ist erfreulich, daſs diese Anschauung allmählich durchzudringen beginnt. So sagt S. E l i a s [2]) vom sogenannten absoluten Tempusgebrauch: „Diese Bezeichnung im Gegensatz zum bezogenen Tempusgebrauch, die sich einzubürgern begonnen hat, kann als eine zutreffende nicht anerkannt werden; denn auch in den Fällen sogenannten absoluten Tempusgebrauchs ist keineswegs das Tempus ohne jede Beziehung. In Nebensätzen giebt es überhaupt keinen absoluten Tempusgebrauch. Das Tempus des Nebensatzes ist stets ein bezogenes, nur die Zeit wechselt, auf welche sich das Tempus des abhängigen Satzes beziehen kann. Dieses kann sich entweder auf die Zeit des regierenden Satzes beziehen, oder auf die Zeit,

---

[1]) Jahrbücher für Phil. u. Päd. 1890. Bd. 142, p. 337.
[2]) Vor- und Gleichzeitigkeit bei Caesar. Progr. No. 61, Berlin 1893, p. 16.

d. h. die Gegenwart des Sprechenden (Schreibenden, Erzählenden). Die dritte Art der Beziehung, die dann nur noch möglich ist, die auf die Zeit des Lesers, ist nur im Briefstil üblich." Hale, der den Unterschied von selbständigem und bezogenem Gebrauch der Tempora anerkennt, sagt p. 19: „Wenn jemand ein Imperfekt in einem selbständigen Satze gebraucht, so bedeutet dies in praxi soviel wie: zu einer gewissen Zeit, welche ich im Auge habe, war diese oder jene Handlung im Geschehen begriffen, oder sie wurde versucht, oder sie herrschte als Gewohnheit. Er kann sich im Geiste plötzlich aus der Gegenwart in die Vergangenheit zurückversetzen und unmittelbar darauf wieder in die Gegenwart oder Zukunft zurückkehren wie bei Catull 30, 6—9:

Eheu quid faciant, dic, homines, cuive habeant fidem?
Certo tute iubebas animam tradere, inique, me...
Idem nunc retrahis te."

Genannt ist hier keine bestimmte vergangene Zeit, an welche iubebas sich anlehnte, aber im Geiste des Dichters ist sie vorhanden und wird dem Angeredeten wieder in die Erinnerung zurückgerufen. Von einer Beziehung kann also auch hier wieder geredet werden.

Diese kurzen Bemerkungen sollten den Weg zur Behandlung des eigentlichen Themas ebnen und unsere Fragestellung rechtfertigen. Diese lautet nicht: Wo steht das Plusquamperfektum absolut und wo relativ?, sondern: In welche Beziehungen tritt das Plusq. zu seiner temporalen Umgebung? und: Wo ist es seiner ursprünglichen Bedeutung als zuständliches Tempus der Vergangenheit entsprechend angewandt und wo nicht?

§ 2. Foth's Forschungen über das Plusquamperfekt.

Zur Erklärung der verschiedenen Anwendungen des Plusq. sind manche Versuche gemacht worden, der umfassendste von Foth in der im Vorwort bezeichneten Schrift. Wenn wir uns auch manchen von ihm vorgetragenen Ansichten über das Plusq. im Latein nicht anschliefsen werden, so hat er doch nicht nur durch die Sammlung eines reichen Materials Dank verdient, sondern auch durch die Aufstellung eines der wichtigsten Gesichtspunkte, der für eine Geschichte des Plusq. im Lateinischen in Frage kommt, bis jetzt das Beste auf diesem Gebiete geleistet. Er geht nämlich mit Recht von der Verschiebung des lateinischen Plusq. aus (vgl. p. 245, 253 f. und 297), dessen Konjunktiv in allen romanischen Sprachen, das Walachische und den logudorischen Dialekt auf der Insel Sardinien ausgenommen, an Stelle des lateinischen Konj. Imperf. getreten ist. Nicht so weit ausgedehnt ist die Verschiebung des Indikativ Plusq. Es findet sich überhaupt in der alten Litteratur sämtlicher romanischen Sprachen, mit Ausnahme des Rätoromanischen und des Walachischen, von denen keine alten Denkmäler vorhanden sind. Im Spanischen und Portugiesischen hat es seine alte Plusquamperfektbedeutung bewahrt und erscheint nur vereinzelt als einfaches Präteritum; im Italienischen ist die Verschiebung nur vom Verbum esse zu belegen. Die gröfste Ausdehnung hat die Verschiebung im Provençalischen und Französischen erlangt. Bis auf heute erhalten ist das Plusq. nur im Portugiesischen, vereinzelt im Spanischen und vielleicht hie und da in Dialekten. Ferner ist es ins Conditionale verschoben im Spanischen, Portugiesischen, Provençalischen und Altitalienischen, und zwar ist in der ältesten Litteratur der beiden ersteren Sprachen die Bedeutung eines Conditionale praeteriti vorherrschend und wird erst später durch die eines Condit. praes. verdrängt. Nun ist es nach Foth eine Thatsache, dafs wir schon im alten Latein eine Reihe von Plusquamperfekten begegnen, die entweder völlig einem einfachen Präteritum gleich sind, oder wenigstens zu sein scheinen, da das klassische Latein in der Regel in solchen Fällen das Perfekt setzt; und dafs abgesehen von Cicero und Caesar, bei denen nur geringe Spuren dieses Gebrauchs vorkommen, überall, namentlich aber im Spätlatein, jener Gebrauch wiederkehrt, der schliefslich zu der erwähnten Verschiebung im Romanischen geführt hat.

Die Ursachen der lateinischen Verschiebung findet Foth in folgender Betrachtung. Er scheidet zwei grofse Klassen von Verben im Latein. Bei denen der ersten Klasse dient der Imperfektstamm dazu: den Verbalbegriff als einen im Werden begriffenen, noch nicht zum Abschlufs gekommenen, der Perfektstamm dazu: ihn als einen vollendeten und in Folge davon in einem Zustande befindlichen darzustellen, und der Aoriststamm ist der blofse Ausdruck des Verbalbegriffs an sich, ohne jene Nebenbeziehungen der Handlung als Moment gedacht, z. B. venio komme, veni bin gekommen und bin da, veni kam. Die Verba der zweiten Klasse unterscheiden sich von denen der ersten dadurch, dafs schon der Imperfektstamm die Bedeutung hat, die bei jenen erst der Perfektstamm erhält, nämlich der Vollendung und des zuständlich vorliegenden

Resultats. Ein solches Verbum ist habeo. Für die Anwendung des Perfekts ergaben sich zwei Möglichkeiten: entweder es wurde pleonastisch gebraucht in derselben Bedeutung, die schon der Imperfektstamm hatte, oder es nahm die neue Bedeutung der Negation des Imperfektstammes an: fuisse gewesen sein = nicht mehr sein. Während nun bei Foth die oft aufgestellte, aber noch nie bewiesene Annahme eines lateinischen Aoristes zu weiteren unannehmbaren Aufstellungen führt, wird die angebliche pleonastische Verwendung p. 313 dahin erläutert, dafs das Lateinische jene Tempora der zweiten Klasse von Verben viel häufiger als in der negativen, in einer affirmativen Bedeutung verwende, die der des Imperfektstammes fast gleichkomme. Wie Cic. Cat. 2, 13 cum ille homo audacissimus conscientia convictus reticuisset, patefeci sich nur erklären lasse, wenn man zu reticuisset den Imperfektstamm reticere in der Bedeutung stille werden annehme, so müsse man bei Vitruv 7, 9, 2 cum . . voluisset habere domum . . . parietes omnes induxit minio zu dem Plusq. die Bedeutung beschliefsen zu Grunde legen und übersetzen: da er beschlossen hatte = da er wollte. Sonach sei potuisse = die Möglichkeit erlangt haben, credidisse = gläubig geworden sein, habuisse = erworben haben, fuisse = geworden sein, letzteres um so begreiflicher, als es etymologisch auf fuo = φύω in der Bedeutung werden zurückgeführt werden müsse. Aber diese Hypothese steht auf schwachen Füfsen. Zunächst begegnet die Mehrzahl dieser Formen nicht im Altlatein, wo man sie gerade erwarten sollte. Mag auch ferner die lateinische Wurzel fu etymologisch gleich der griechischen φυ das Werden bezeichnet haben, auch die ursprüngliche Bedeutung in einzelnen altertümlichen Formen noch in das alte Latein hineinragen, so deutet doch im übrigen nichts auf eine derartige Urbedeutung hin. Zuzugeben ist Brix zu Plaut. Mil. 300, dafs fuam und fuat neben der Bedeutung des Seins bei Plautus die des Werdens haben, dagegen ist dasselbe für fui fuerim fuissem zu bestreiten. Für das erste bringt Brix kein Beispiel bei, für das letztere Mil. 720 si ei forte fuisset febris, censerem emori; die richtige Erklärung wird sich im Laufe der Untersuchung ergeben. Für fuerim soll Cas. 130 beweisend sein: Postid quom lassus fueris et famelicus, noctu ut condigne te cubes curabitur. Die Notwendigkeit der Übersetzung „wenn du müd' und hungrig geworden bist" leuchtet mir nicht ein. Fueris ist gleich eris und bedarf jener Erklärung ebenso wenig, als wir

sic für verschobenes fueram nötig haben werden. Denn wenn auch
die perfektivischen Formen von esse neben dem Partizip hierdurch
erklärt werden könnten, so doch keineswegs alleinstehendes fueram,
welches gleich dem Imperfektum oder Perfektum gesetzt ist, z. B.
Capt. 305 fortuna .. me, qui liber fueram, servom fecit e summo
infumum Ampl. 458 nam hic quidem omnem imaginem meam,
quae antehac fuerat, possidet. Auch Foth selbst verschliefst sich
der Thatsache, dafs die imperfektivischen Tempora, Präs., Impf.
und Fut. überhaupt von den Lateinern kaum je in dieser inchoativen Bedeutung gebraucht worden sind, nicht, sucht aber seine
Annahme einer solchen durch Hinweis auf die beiden Bedeutungen
von $\varphi\varepsilon\dot{v}\gamma\omega$ = fliehen und verbannt sein, $\nu\iota\varkappa\tilde{\omega}$ = siegen und Sieger
sein u. a. zu stützen. Bedenklich ist es aufserdem, Ciceronianisches
reticuisset mit Vitruvianischem voluisset zusammenzustellen. Es ist
kaum einzusehen, warum reticui nur, wie die Lexica angeben, Perfektum zu reticeo und nicht auch zu reticesco sein soll. Bei Vitruv
aber werden wir nicht umhin können, im Zusammenhang mit anderen Erscheinungen schon wirkliche Tempusverschiebung anzunehmen, so gut wie bei Plautus. Credidi und credideram endlich,
contempsi und contempseram sind singuläre Erscheinungen, eher
mit den präsentischen Perfekten memini etc. als mit etwas anderem
zu vergleichen; der Vergleich mit den Plusquamperfekten der übrigen
Verba aber ist deshalb nicht durchzuführen, weil es wohl ein zu
erklärendes potueram, potuissem, habueram, habuissem, nicht aber
ein potui oder habui mit der angenommenen inchoativen Bedeutung gegeben hat.

Anders wird die Verschiebung der anderen Klasse von Verben
erklärt, wofür Foth p. 308 Beispiele aus Plautus — meist nach
Lübbert — anführt. Er ist selbst wieder auf dem richtigen Wege,
wenn er Lübbert nicht folgt, der alle die dort gebrachten Beispiele
als einfache aoristische Präterita deuten will — wir werden weiter
unten die richtige Deutung dieser gar nicht auffälligen Plusquamperfekta geben —, in der Erklärung aber schliefst er sich folgender
Darstellung an, wie sie Studemund in seinen Vorlesungen zu geben
pflegte: Als man in Rom daranging, eine Litteratur von gröfseren
Stoffen zu gründen, habe man zur Bezeichnung der verschiedenen
Nuancen der Vergangenheit eine so grofse Anzahl von Verbalformen vorgefunden, dafs man einen Teil derselben als entbehr-
lich verspürte, und demgemäfs in der archaischen Poesie zum
Ausdruck ganz derselben Beziehungen gelegentlich mehr als eine

Form angewendet. Hierbei sei am meisten mafsgebend gewesen
die metrische Bequemlichkeit, weshalb man denn z. B. in den am
meisten vorkommenden dialogischen Metren bei den archaischen
Dramatikern, namentlich also bei Plautus und Terenz, die für den
an Ciceronianischen Tempusgebrauch gewöhnten Forscher seltsamen
Formen in verhältnismäfsig grofser Zahl an denjenigen Versstellen
antreffe, deren Bau wegen der geforderten Reinheit des metrischen
Schemas am meisten Sorgfalt erfordere, also im jambischen Senar
und trochäischen Septenar, namentlich im Versausgange. Diese
etwas bureaukratische Ansicht hat Studemund jedenfalls selbst
nicht genügt, sie war nur ein Notbehelf für den Augenblick, bis
man Besseres an die Stelle setzen könnte. Beachtenswert ist die
Vorsicht, mit welcher Studemund nur von metrischer Bequemlichkeit und nicht, wie so viele andere, von metrischer Not spricht,
auch die stillschweigende Abweisung der Lübbertschen Ansichten.
Aber warum nun die klassische Latinität solche Tempusformen
fast ganz und gar meidet, während die spätere Latinität nicht an
diese, sondern wieder an das Altlatein anknüpft, das wird in
keiner Weise durch diese Hypothese erläutert.

Auf Studemunds Vorlesungen fufst auch, wenn ich mich nicht
täusche, eine Göttinger Dissertation von H. Brehme: Linguarum
noviciarum laxam temporum significationem iam priscis linguae
latinae temporibus in vulgari elocutione perspici posse (1879), die
nur als Materialsammlung einen beschränkten Wert hat. Zu den
Stellen, wo das Plusquamperfektum in laxer Anwendung vorkommen
soll, werden auch solche gerechnet, wo es der Regel nach stehen
mufs, nämlich in sogenannten Sätzen der wiederholten Handlung
wie Asin. 210 quod ego iusseram, quod volueram, faciebatis;
Vidul. 216 Winter ubi quamque pedem viderat, suffurabatur omnis; Ter. Eun. 404. Besonders die metrische Not mufs zur Erklärung mithelfen. Das bei Plautus häufig vorkommende dixeram
wird darauf zurückgeführt, obgleich er doch schon aus Lübbert
wissen sollte, dafs selbst Cicero solche Plusquamperfekta kennt.
Dasselbe wird von fueram = eram behauptet, aufser wenn es
neben dem Part. Perf. stehe. Dann werden später zu besprechende
Ansichten von Zumpt und Kühnast reproduziert. Bei Plautus sowohl wie bei späteren Dichtern seien diese Formen dem sermo
plebeius entflossen, nicht aber bei den Prosa-Autoren, da sei je
nach Befund anders zu erklären: Ansichten, welche ausführlich zu
widerlegen nicht der Mühe lohnt. Nach diesen kritischen Be-

merkungen wende ich mich jetzt der Vorlegung und Besprechung
des Plautinischen Materials zu.

§ 3. Fueram bei Plautus.

Es kann zunächst nicht zweifelhaft sein, dafs fuerat an folgenden Stellen einem regelrechten fuit oder erat gleichgesetzt ist:
Amph. 456 ubi ego formam perdidi?
an egomet me illic reliqui, si forte oblitus fui?
nam hic quidem omnem imaginem meam, quae antehac
fuerat, possidet.
Vielleicht ist das vorausgehende oblitus fui die Veranlassung zur
Wahl von fueram gewesen, aber falsch bleibt es in jedem Falle.
Denn die Bedeutung des Werdens ist hier undenkbar, und fueram
könnte also regelrecht nur bedeuten: „ich war gewesen" = „ich
war nicht mehr". Dasselbe ist von den beiden anderen Stellen
zu sagen:
Poen. Prol. 65 sed illi seni qui mortuost, ei filius
unicus qui fuerat, abditivos a patre,
puer septuennis surripitur Carthagine.
Capt. 304 sed viden? fortuna humana fingit artatque ut lubet:
me qui liber fueram, servom fecit, e summo infumum.
qui imperare insueram nunc altrius imperio obsequor.
An zwei Stellen ist fueram richtig angewendet. Merc. Prol. 90
(hier nach Dziatzko Plautinisch) servom una mittit, qui olim a
puero parvolo mihi paedagogus fuerat, quasi uti mihi foret custos.
Das heifst, er war es gewesen, und dann hatte er aufgehört es zu
sein. Durch fuit würde innerhalb der Erzählung nur die Thatsache, dafs er sein Erzieher war, aber nicht das Aufhören dieser
Thätigkeit festgestellt worden sein. Mil. 131 dedi mercatori quoi-
dam, qui ad illum deferat, meum erum, qui Athenis fuerat, qui
hanc amaverat, ut is huc veniret, is non sprevit nuntium, d. h.
nach dem Zusammenhange: er war in Athen gewesen, bevor er
als legatus nach Naupaktus ging; amaverat sagt nicht, dafs er
das Mädchen nicht mehr liebe, sondern heifst: er hatte in intimem
Verkehr gestanden, und das hörte natürlich durch die Entführung
durch den Miles auf.
Ebenso unzweifelhaft ist die Tempusverschiebung anzuerkennen,
wenn fuerat in Verbindung mit einem Adjektiv steht zur Bezeichnung dessen, was ziemlich, angemessen, notwendig etc. gewesen
wäre. Plautus hat 8 Stellen:

Trin. 119 ei rei operam dare te fuerat aliquanto aequius,
si qui probiorem facere posses, non uti
in eandem tute accederes infamiam.

Trin. 1039 eae misere etiam ad parietem sunt fixae clavis ferreis,
ubi malos mores adfigi nimio fuerat aequius.

Curc. 266 namque incubare satius te fuerat Iovi,
auxilio tibi qui in iure iurando fuit.

Curc. 637 is priusquam moritur mihi dedit tamquam suo,
ut aequom fuerat filio.

Merc. 972 nam te istac aetate haud aequom filio fuerat tuo
adulescenti amanti amicam eripere emptam argento suo.

Stich. 512 et magis par fuerat me vobis dare cenam advenientibus,
quam me ad illum promittere, nisi nollem ei adversarier.

Men. 592 aut plus aut minus quam opus fuerat
dicto dixeram (B opus erat).

Cist. 1, 1, 44 at satius fuerat, eam viro dare nuptum potius.

Man könnte vielleicht dieses fueram als eine notwendige Folge
des zur präsentischen Bedeutung verschobenen eram auffassen, wie
denn bei Cicero und Späteren poteram öfter = „ich könnte“,
satius erat = „es wäre besser“ ist[1]). Aber diese Verschiebung
ist im Altlatein noch nicht vorhanden, also auch kein Schlufs
daraus zu ziehen. „Es wäre billig“ u. ä. heifst nur aequius, satius
est z. B. Amph. 176. 1018. Cas. 111. Cist. 4, 1, 10; „es wäre billig
gewesen“ u. ä. wird durchweg mit erat oder fuit wiedergegeben;
so steht aequom erat Aul. 424 an quia minus quam me aequom
erat feci? Rud. 269 aequom fuit Capt. 995 plus feci quam
aequom fuit Merc. 81, Epid. 382, Mil. 725 und 730; Epid. 382
fuit conducibile; Curc. 110 canem esse hanc magis par fuit.
Eigentümlich erscheint auf den ersten Anblick Epid. 382 ff.:

non oris causa modo homines aequom fuit
sibi habere speculum, ubi os contemplarent suom,
sed qui perspicere possent cordis copiam:
ubi id inspexissent, cogitarent postea,
vitam ut vixissent olim in adulescentia,
fuit conducibile hoc quidem mea sententia.

Man könnte geneigt sein, dieses aequom und conducibile fuit einem

---

[1]) Vgl. Dräger, Hist. Synt. I², p. 297; Blase, Geschichte des Irrealis im
Lateinischen, Erlangen 1888, p. 71 f.

späteren aequom erat = es wäre billig gleichzusetzen. Aber abgesehen von der Singularität einer solchen Ausdrucksweise, die sonst überhaupt nicht vorkommt, erkennt man bald, dafs diese Gedanken allerdings an die Vergangenheit geknüpft sind. Darauf weist auch das durch postea als Potential der Vergangenheit gekennzeichnete cogitarent hin. Weder Plaut. Mil. 911 bonus vates poteras esse, noch Ter. Heaut. 785 scite poterat fieri scheinen mir einem späteren poteram = ich könnte zu entsprechen, vielmehr mit deutlichem Bewufstsein der Vergangenheitsbedeutung gesetzt zu sein. Ob dies auch noch bei Varro l. l. 8, 47 nempe esse oportebat vocis formas ternas und 8, 65 sic Graeci nostra senis casibus dicere debebant, quod cum non faciunt, non est analogia der Fall ist, will ich nicht entscheiden. Das Perfektum 8, 48 kann doch nur mit Präteritalbedeutung gedacht sein: et in multitudine ut unum significat Pater, plures Patres, sic omnia debuerunt esse bina.

Noch einer Erklärung ist hier zu gedenken, die Tobler[1] dem verschobenen poteram, debebam unterlegt, die aber auch auf das Plusquamperfektum angewandt werden könnte. Er sagt: „Der Römer geht in seinem feinen Sinne (für die Sache, nicht für die Person) so weit, die Möglichkeit und Notwendigkeit gleichsam als ewige, alles menschliche Thun prädestinierende Ordnung aufzufassen, welche zwar für den Menschen bestimmt ist, aber so, dafs ihm nichts übrig bleibt, als in dieselbe am rechten Orte sich einzufügen. Wo dies nicht geschieht, da entsteht auch von der Gegenwart aus die Ansicht, als sei eine vielleicht schon lange vor dem Moment des Handelns bestandene Gelegenheit oder Pflicht versäumt worden; daher das Imperfektum." Das Wollen, Können, Müssen, hat man in anderem Zusammenhange[2] gesagt, wird als dem Handeln vorausgehend gefafst und daher die Imperfekta resp. Plusquamperfekta. Allein wir haben schon betont, dafs im alten Latein die verschobenen Imperfekta, deren Erklärung jene Hypothese dient, zunächst nicht vorkommen, und ein potuerat begegnet erst bei Terenz. Wir hätten, die Richtigkeit angenommen, aber auch nur eine Erklärung für einen Teil der Plusqq., nämlich die neben aequom etc. stehenden, nicht aber für die eingangs aufgeführten und nicht für das fuerat neben dem Part. Perf. von Passiven und Deponentien. Dieses kommt an folgenden 4 Stellen vor:

---

[1] Zeitschr. für Völkerpsychologie II, p. 47f.
[2] Z. B. Rodenbusch in der tüchtigen Dissertation: De temporum usu Plautino, Strafsburg 1888, p. 34.

Ampl. 430 cam ego vini, ut matre natum fuerat, eduxi meri.
Merc. 232 (capram) posterius quam mercatus fueram, visus sum
in custodelam simiae concredere.
Most. 487 lucernam forte oblitus fueram extinguere.
Most. 821 eo pretio empti fuerant olim. ‡audin „fuerant"
dicere?
Diesen stehen nicht mehr als 4 Beispiele mit erat neben dem
Partizip Perf. Pass. gegenüber: Ep. 223 quid erat induta? Truc.
648 argentum meo qui debebat patri, qui ovis Taretinas erat
mercatus de patre. Merc. 617 iam addicta atque abducta erat,
quom ad portum venio. Most. 783 quae . . . subducta erat.

§ 4. Das Plusquamperfekt aufser fueram bei Plautus.

Was nun die übrigen Plusquamperfekta betrifft, so hat man,
wie schon gesagt, fälschlich auch solche als verschoben bezeichnet,
die nach allgemein lateinischem Gebrauch in Perioden der wiederholten Handlung stehen. Es sind Ep. 447, Poen. 484 u. 486,
Capt. 306, Men. 483 u. 717. Besonderer Hervorhebung bedarf
As. 211 quod ego iusseram, quod volueram, faciebatis: quod nolebam ac votueram, de industria fugiebatis. Der Dichter hat hier
frei geschaltet mit den Möglichkeiten des Ausdrucks, die ihm die
Sprache gewährte, das eine Mal die Konzinnität mit iusseram gewahrt und volueram als vorausgehend dem faciebatis gesetzt; im
zweiten Vers dagegen nolebam als gleichzeitig dauernd neben dem
fugiebatis. Eine Mifshandlung der Sprache ist hier keineswegs zu
erblicken. Volueram findet sich aufserdem noch Ps. 676 iam
instituta, ornata cuncta mi ordine, animo ut volueram, certa defor-
mata habebam. Rud. 708 vos in aram abite sessum. sed ubi sunt?
‡ huc respice. ‡ optume: istuc volueramus. iube modo accedat
prope. Er glaubt die Mädchen noch im Tempel und sieht auf den
Wink des Trachalio sie schon auf dem Altar sitzen: = „das hatte
ich gewollt, als ich eben sagte: abite etc. und bevor ich sah. dafs
ihr schon dort waret". Ps. 424 ist es von Ritschl zur Füllung
des Verses statt des handschriftlichen volui eingesetzt: qua in
commeatum volueram argentarium proficisci, ibi nunc mihi oppido
obsaeptast via. Zu Capt. 309 Hegio, hoc te monitum, nisi forte
ipse non vis, volueram bemerkt Lübbert a. a. O. p. 168: „Bei
volueram ist schon nicht mehr an eine rein momentane Handlung
zu denken, sondern an ein zuständliches Verhalten". Das heifst mit
anderen Worten: volueram ist gleich volebam. Brix, welcher be-

hauptet, an eine Vergangenheit werde an dieser Stelle nicht gedacht, und mit ihm Schöll schreiben voluerim. Dennoch glaube
ich das Plusq. verteidigen zu können. Tyndarus ist eigentlich
fertig mit dem, was er zu sagen hätte. Aber unter dem Scheine,
als scheue er sich es zu sagen, führt er noch einen Hauptcoup
auf das Herz des gerührten Vaters aus und sagt mit stockender
Stimme: „Hegio, und noch etwas hatte ich dir sagen wollen",
Dabei schwebt vor ein Unausgesprochenes: „Bevor ich auf die
eben ausgesprochenen Gedanken kam". — Endlich ist noch zu
erwähnen Cas. 460 illuc est illuc quidem hic hunc fecit villicum
et idem me pridem, quom ei advorsum veneram, facere atriensem
voluerat sub ianua. Auch hier sind wieder ein oder mehrere
Ereignisse der Vergangenheit in Gedanken vorhanden, vor denen
das Wollen stattgefunden hat. So oft es möglich ist, solche vergangene Ereignisse oder auch nur Gedanken aus dem Zusammenhang zu erschliefsen, vor denen die Handlung des Plusq. stattgefunden hat, hat man m. E. kein Recht, von einem laxen oder
verschobenen Plusq. zu sprechen, auch wenn die Konzinnität der
Tempora gelegentlich nicht beachtet ist. Man mufs nur anerken-
nen, dafs der Autor im Zusammenhang der Rede sehr oft es iu
der Hand hat, nach Belieben Perf., Impf. oder auch Plusq. zu
setzen. So würde in dem zuletzt mitgeteilten Beispiel der Dichter
ebenso deutlich geblieben sein, wenn er voluit oder volebat geschrieben hätte; dies letzte würde nur in diesem Zusammenhange
auf die längere Dauer des Versuchs hinweisen. In der Regel
läfst Plautus seine Personen, wenn sie mifsverstanden worden sind,
das Perfektum setzen: volui dicere vgl. Mil. 27, Poen. 1231, Amph.
384 etc.; vgl. auch Capt. 298, Merc. 93, Trin. 827 u. a.

Dieselbe Betrachtung wird auch das seit Lübbert meist falsch
aufgefafste dixeram erklären. Lübbert sagt a. a. O. p. 168 von
diesen und ähnlichen Plusquamperfekten: „Es geht aber aus allen
diesen leicht beträchtlich vermehrbaren Beispielen hervor, dafs
das ältere Latein den Gebrauch des absoluten, in seiner selbständigen eigenen Zeitgebung aufgefafsten Plusquamperfekts in
viel ausgedehnterem Mafse kannte als die spätere Sprache. Das
spätere Latein setzte in den Fällen, wo es sich um momentane
Fakta der Vergangenheit handelte, ohne dafs dieselben mit einer
deutlichen Hinweisung auf eine andere Handlung ausgesagt werden, das Perf. Indicativi". Brix zu Capt. 17 fugitivos ille, ut
dixeram ante, huius patri domo quem profugiens dominum

abstulerat vendidit ist etwas vorsichtiger. Er sagt, dixeram lasse sich zwar hier allenfalls mit Rücksicht auf v. 8 f. fassen: gesagt hatte (bevor ich durch den ultumus unterbrochen wurde), indes brauche Plautus, namentlich am Versende, dixeram oft geradezu für dixi oder dicebam der Späteren. So folgt er also trotz der richtigen Erklärung, die er selbst als möglich hinstellt, Lübbert, obwohl er sogar 3 gleichartige Beispiele aus Cicero anführt Verr. 4, 48 quod ante de istius abstinentia dixeram; Or. 101 de qua dixeram; Att. 7, 14 de quibus ante ad te falsum scripseram. Die richtige Erklärung hatte hierfür schon Haase zu Reisig A. 456 gegeben: Namentlich das häufige dixeram . . . und ähnliches ist leicht zu erklären; dies steht nämlich nach einer Unterbrechung durch einen verschiedenen Gegenstand; dixeram heifst also: ich hatte davon gesprochen, ehe ich auf das andere kam. Was den Plautinischen Sprachgebrauch anbetrifft, so urteilt hierüber im ganzen richtig Rodenbusch a. a. O. Kap. 2, während Schneider, De temporum apud priscos latinos usu, diss. Breslau 1888, sich zu abhängig von Lübbert und Foth zeigt. Wenn ich auch erst seit verhältnismäfsig kurzer Zeit auf diesen Sprachgebrauch ge- achtet habe, so scheint es mir doch nicht überflüssig, bevor ich auf Plautus eingehe, zunächst eine Sammlung von Beispielen aus dem klassischen und späteren Latein vorzulegen, um zu zeigen, dafs wir hier durchaus keine Eigentümlichkeit des alten Latein vor uns haben.

Einige Schriftsteller, um dies vorauszuschicken, gebrauchen dieses Plusq. gar nicht; so sagen Scribonius Largus, Sueton, Gaius wenigstens in den zwei ersten Büchern, Ammianus Marcellinus, Cassius Felix immer ut supra dixi u. ä., ohne je mit dem Plusq. abzuwechseln. Die meisten aber gebrauchen neben dem häufigen Perf. unbedenklich das Plusq. Von Cicero sind schon 3 Stellen angeführt. Zu or. 101 citiert Jahn ad fam. 13, 24, 3 scriberem ad te qualis vir esset, ut superioribus litteris feceram und das m. E. nicht auffallende Marc. 1, 1 diuturni silentii, quo eram his temporibus usus, . . . finem hodiernus dies attulit. Zu or. 176 quin etiam se ipse tantum quantum aetate procedebat (prope enim centum confecit annos) relaxarat a nimia necessitate numerorum bemerkt er: „Das Plusq., weil es der Ab- fassung jener Schrift vorausgegangen gedacht wird". Charak- teristisch ist folgende Stelle nat. d. 1, 17 verum hoc alias; nunc, quod coepimus, si videtur. Sed ut hic, qui intervenit (me intuens)

ne ignoret, quae res agatur, de natura agebamus deorum, quae
cum mihi videretur perobscura, ut semper videri solet, Epicuri
ex Velleio sciscitabar sententiam. Quam ob rem, inquit, Vellei,
nisi molestum est, repete quae c o e p e r a s. Wenn irgend eine
Stelle, so lehrt diese deutlich, dafs der Lateiner oft nach Belieben Perf. oder Plusq. anwenden konnte, je nachdem er seine
Aussage von seiner Gegenwart aus thun wollte ohne Rücksicht
auf eine vorausgehende, vergangene, sei es bezeichnete, sei es gedachte Handlung (coepimus), oder mit Rücksicht auf eine solche;
denn coeperas schliefst etwa den Gedanken ein: bevor du unterbrochen wurdest. Die Möglichkeit derselben Tempusgebung aber
lag auch an der das Perfekt coepimus enthaltenden Stelle vor.
Man vergleiche ferner leg. 3, 14 sed perge, ut coeperas Ac. pr.
2, 79 (sensus) quos tu, Luculle, communi loco defendis, quod ne
ita facere posses, idcirco heri non necessario loco contra sensus
tam multa dixeram ib. 129 sed quod coeperam: quid habemus etc.
Fin. 4, 71 at modo dixeras nihil in istis esse, quod interesset.
Aus C a e s a r citiert D r ä g e r I[2], p. 259, der übrigens durchaus
verschiedene Anwendungen des Plusquamperfekts durcheinander-
wirft, b. g. 2, 24, 1 quos dixeram 2, 28, 1 quos dixeramus 4, 27, 2
quem supra demonstraveram; aus L i v i u s K ü h n a s t, Liv. Syntax
p. 213: 35, 15, 2 mors nuntiata Antiochi filii regis, quem missum
paulo ante dixeram in Syriam, diremit colloquia 35, 40, 1 consulibus designatis — inde namque deverteram — 23, 6, 8 quia
. . . Coeliusque et alii id haud sine causa praetermiserant scriptores,
ponere pro certo sum veritus. Mir erscheint die Erklärung von
Weifsenborn: „das Plusq. in Bezug auf veritus sum als auf den
Zeitpunkt, wo Livius sich entschlofs, die Erzählung nicht aufzu-
nehmen" durchaus richtig, während H. J. Müller praetermiserunt
konjiziert hat. Auch Kühnast's und Weifsenborn's (zu 35, 15, 2)
Bemerkung, dafs dieser Gebrauch bei Livius seltner ist als bei
Cicero, bei dem dixeram nach Kühnast häufig ist (vgl noch Verr.
3, 163. 5, 81 u. 116), stimmt mit meinen Beobachtungen überein,
da ich in der dritten Dekade aufser der angeführten Stelle nichts
Ähnliches, wohl aber öfter ut dixi u. ä. gefunden habe. Was
S a n d e r[1]) p. 17 aus S e n e c a R h e t o r nach Drägerschem Schema
mitteilt, gehört gröfstenteils nicht hierher. In drei dixerat enthaltenden Stellen 191, 20 Triarius dixerat . . . belle deridebat

hoc Asinius Pollio, 417, 7. 444, 30 und 329, 22 moverat ist das Plusq. im Hauptsatze offenbar mit Beziehung auf ein folgendes Präteritum gesetzt, ein Gebrauch, der später eingehend behandelt werden wird; 241, 19 cum ille voluerat, irascebantur ist ein Satz der wiederholten Handlung; dafs man aber das Wollen beliebig als gleichzeitig mit dem Verbum des Hauptsatzes bestehend oder demselben vorausgehend denken konnte, das beweist aufser den oben mitgeteilten Plautinischen Stellen auch 439, 3 noverca, quod volueras, consecuta es verglichen mit 440, 3 consecuta es mulier, quod voluisti; 314, 13 ubicunque estis, iudices, qui in illum reum sederatis, ecquid poenitet absolvisse ist sicher das Plusq. auf das folgende absolvisse bezogen. Hierher gehörig sind nur 123, 6 hic est pater, quem vobis laudaveram 438, 16 abscisa missione gladiator, quem armatus fugerat, nudus insequitur. Auf diese beiden Stellen pafst auch Sander's Erklärung, dafs dem Schriftsteller eine Beziehung auf eine Vergangenheit vorschwebe, die auch wir aus dem Zusammenhange meist ergänzen können. Ähnlich ist endlich 460, 24 bene cum illo ignis egerat, sed exstant libelli, qui cum fama eius pugnant das Plusq. auf das in exstant liegende Perfekt editi sunt bezogen. Ich füge noch hinzu 386, 3 hoc praemium qui recusaverat petit. Aus Seneca dem Philosophen führe ich an benef. 7, 19, 4 et huic beneficium quod acceperas reddes? ep. 82, 12 ut coeperam dicere 16, 4 (99), 21 si quos sermones audieras .. repete — spes tuas quas acceperas .. adfirma. Öfter bei Columella z. B. 3, 6, 4 quo sol in eandem partem signiferi per eosdem numeros redit, per quos cursus sui principium ceperat 3, 18, 2 fragilis est ea parte materia, qua .. cum deponeretur, ceperat vitium 3, 20, 4 de altero, quod mox proposueram, nihil dubito 4, 1, 1 prodiderant 4, 10, 2 omiserat 5, 8, 7 steterat. Häufig auch bei Quintilian z. B. 7, 3, 27 videamus ergo propria et differentia, quae libro quinto leviter in transitu attigeram 7, 4, 39 ut in controversia, quam supra exposui, in qua de parte patrimonii quarta, quam pater dignissimo ex filiis reliquerat, contendunt philosophus, medicus etc. 8, 9, 9 quis non faber vasculum aliquod, quod numquam viderat, fecit? 8 pr. 25 atqui satis aperte Cicero praeceperat 8, 5, 35 reddam nunc, quam proximam partem dixeram esse de tropis 9, 2, 77. 9, 4, 50. 9, 4, 117. 10, 3, 17. 10, 4, 1. — Tacitus Dial. 35 ut dicere institueram. Plinius d. J. ep. 1, 8, 15 sic, quod magnificum referente alio fuisset, ipso qui gesserat recensente vanescit 6, 8, 9 ut coeperam, rogo 6, 20, 5 ut coeperam, excerpo 7, 9, 16 quin ergo, quod coeperas, scribis. Gellius 1, 3, 29 quoniam . . . praeceptum, quod ego nos in primo tractatus istius parte desiderare dixeram, non capiunt. Firm. Mat. der Christ ed. Halm p. 24, 4 ad caelum hominem, quem susceperat, revocat. Veget. ed. Lang p. 87, 18 nudari incipit, qui copiosus advenerat 101, 12 qui fortiores vicerant, ab inferioribus saepe vincuntur 106, 8 harenas, quas excitatum vento mare superfuderat, aliquando colligunt. Hieron. ep. 3, 8 dicam, ut coeperam und sic ergo, ut dicere coeperamus, aetatem duxit. Orosius hist. 2, 6, 1 quem superius commemoraveram; apol. 32, 1 quoniam superius dixeram. Cassiodor inst. div. script. 21 sed quia et ille alia et nos diversa . . . conscripseramus, credo quod lector diligens in hoc opusculo non inutiliter occupetur. Variae 1, 7 perire enim pupillo non patimur, quae parentibus sub nostra laude dederamus 1, 16 qui corruerant 1, 45 quicquid fecerant 2, 11 hinc etiam prius praecepta dederamus et nunc iterata iussione repetimus u. öfter. Jordanis Get. 107 quod dudum dixeramus . . condidisse. Gallischen und afrikanischen Autoren sind folgende Beispiele entnommen: Sulp. Sev. dial. 1, 9, 4 ut coeperas — ut dicere institueram 1, 12, 6 ut coeperas 1, 17, 6 ut dudum dixeram 1, 17, 8 ut iam dixeram 1, 21, 6 evolve, quae coeperas. Ep. 2, 7 ut dicere coeperamus. Cassian inst. 2, 7, 2 eodem modo, quo prius stantes oraverant, suis precibus immorantur 4, 41, 2 ut, quod ante damnaveras, traducaris 7, 14 qui . . quae in primordiis abiecerant, post haec . . . compellit 7, 16 quae renuntiaverant 12, 26 quas coeperant. Salvian Gub. d. 6, 19 et qui forte ad spectaculum puri venerant, de theatro adulteri revertuntur. Avitus c. Eut. p. 28, 27 (Peiper) ut dicere coeperam; ep. 62, 19 quae certe si adhuc, ut coeperat, societatis Arrianae communioni immixta est. — Apulejus ap. p. 104, 5 de quo supra dixeram p. 103, 8 potes, ut acceperas, retribuere. Tertullian apol. 2 p. 119 (Oehler) ut . . . negemus et scelera, de quibus ex confessione nominis praesumpseratis 23 p. 214 quos . . . praesumpseratis (sc. deos) daemones esse cognoscitis; scorp. 8 p. 515 qui deo placuerat, occiditur; bapt. 5 p. 625 quem acceperat. Cyprian ep. p. 510, 22 (Hartel) si qui sunt, qui . . . sicut etiam pridem vobis scripseram, . . . subministrentur eis quaecumque necessaria 539, 13 et ideo instetur interim epistulis, quas ad vos proximis feceram, quorum exemplum . . multis iam misi p. 563, 16 die Presbyter: oculi, qui male simulacra conspexerunt, quae inlicite commiserant . . fletibus deleant p. 634, 10 quos reservaverat. 670, 8. 676, 20 verglichen mit 676, 1 u. öfter. Lact. inst. 4, 1 ut coeperam dicere 1, 16, 4 revolvuntur imprudentes ad id quod negaverant 2, 10, 12 quia dixeram. August. civ. d. I 3 p. 8, 11 Dombart[2]: nunc, quod institueram de ingratis hominibus dicere, parumper expediam, sonst regelmäfsig sicut dixi; c. Sec. p. 921, 5 Zycha: cum vero ea quae declinaverant, recurrunt et redeunt, magnanimitas virtutem, doctrina sapientiam imitatur p. 921, 16 ad illud, quod tractare institueramus, animum revoca. Optatus p. 14, 5 Ziwsa: nec possunt novum aliquid aut aliud agere, nisi quod iam dudum apud suam didicerant matrem 156, 21 quae suas iamdudum succisa perdiderat, alienas accipit frondes. Mart. Cap. 1, 149 iam fas puto quicquid . . . intellexeram conspicari. Lucifer p. 4, 15 quod intendere coeperamus 95, 16 ut coeperam 1, 92, 16 ut dicere coeperam. Fulg. Rusp. ad Mon. 1, 8 haec autem deus, sicut in praedestinatione semper habuit, sic per gratiam, sicut praedestinaverat, facit und öfter. Fulg. Myth.[1]) p. 746 ut dicere coeperamus p. 749 ut dicere coeperam.

Die Sammlung würde natürlich viel reichlicher ausgefallen sein, wenn der Verfasser von Anfang an sein Augenmerk auf diese Erscheinung gerichtet hätte. Jedenfalls beweist sie, dafs dieser Gebrauch des Plusq. allgemein lateinisch und nicht überwiegend der Sprache des täglichen Lebens zuzuweisen ist, wie Thielmann Blätter f. bayr. Gymnw. 1880 p. 355 gemeint hat. Das Plusq. steht nicht statt des Perf., wie es gewöhnlich heifst, sondern ist überall mit Beziehung auf ein in Gedanken oder unbewufst vorhandenes Präteritum gesetzt. In fast allen diesen Fällen hätte der Autor auch das Perf. wählen können mit Beziehung auf die Gegenwart des Redenden, und nur in solcher Beschränkung darf man von einem metrischen Bedürfnis reden, welches bei den altlateinischen Dichtern gelegentlich zur Bevorzugung des Plusq. vor dem Perf. geführt hat. Wir betrachten jetzt die entsprechenden Plautinischen Stellen, zunächst dixeram. Dies begegnet: Truc. 133 quia te adducturum dixeras eumpse, non eampse; Diniarchus hat sie belauscht, wie sie v. 114 sagte: eumpse . . adducam. Aul. 287 atque ego istuc, Anthrax, aliovorsum dixeram == bevor Anthrax und Congrio sich in's Gespräch mischten. Amph. 690 an

---

1) In: Auctores Mythographi latini ed. Aug. van Staveren 1742.

te auspicium commoratumst, an tempestas continet, qui non abiisti
ad legiones, ita uti dudum dixeras = vor dem commoratumst
und abiisti und so auch Amph. 760. 916. 919. Merc. 467 überall
= vor dem Weggehen. Merc. 760 nempe uxor rurist tua, quam
dudum dixeras te odisse atque anguis. ǂ egone istuc dixi tibi?
Der Koch hatte 753 gesagt haecine tuast amica, quam dudum
mihi te amare dixtei, quom obsonabas und Lysidamus 758 non
ego sum, qui te dudum conduxi. Der Dichter wechselt mit Perf.
und Plusq. nach Belieben ab. Die logische Berechtigung des
Plusq. ergiebt sich daraus, dafs der Koch inzwischen weg gewesen
ist; aber auch ohne dies wäre das Plusq. nicht zu verwerfen, da
schon eine einzige Zwischenfrage die Möglichkeit der Interpretation
zuläfst: bevor du unterbrochen wurdest. Wenn man übrigens von
metrischer Bequemlichkeit sprechen will, so ist hier der Ort dazu.
Merc. 975 ille quidem illam sese ancillam emisse dixerat. Das
war schon v. 390 geschehen. Bacch. 957 nam dudum primo ut
dixeram nostro seni mendacium et de hospite et de auro et de
lembo, ibi signum ex arce abstuli ist m. E. richtig erklärt von
Rodenbusch p. 36 kaum gesagt, da nahm ich auch schon das
Bild von der Burg. Capt. 194 ad fratrem, quo ire dixeram mox
ivero. Das hat er v. 126 gesagt, also = bevor alles das geredet
wurde, was zwischen v. 126 u. 194 steht. Rud. Prol. 47 is leno,
ut se aequomst, flocci non fecit fidem neque quod iuratus adulescenti dixerat (vor dem flocci fecit). Rud. 93 eo vos, amici, detinui
diutius. nunc huc ad Veneris fanum venio visere, ubi rem divinam
se facturum dixerat bevor die Perfekta von 91 an eintraten, deren
letztes detinui ist und ähnlich v. 863. Pseud. 148 atque heri iam
edixeram omnibus dederamque suas provincias, verum ita vos estis
neglegentes, perditi, ingenio improbo, officium vostrum ut vos malo
cogatis commonerier. Das war gestern eine vollendete Thatsache:
bezogen gedacht zu dem präteritalen Gedanken, der aus der präsentischen Form herauszulesen ist: ihr seid nachlässig gewesen.
Ps. 564 quo vos oblectem, hanc fabulam dum transigam, neque
sim facturus, quod facturum dixeram. Das ist zwar kurz vorher
geschehen, aber es genügt, wie schon gesagt, der Zwischenraum
eines Verses, dessen Inhalt die vergangene Handlung bildet, auf
welche das Plusq. bezogen ist. Men. Prol. 56 verum illuc redeo,
unde abii, atque — uno adsto in loco. Epidamniensis ille, quem
dudum dixeram = bevor ich abschweifte. 889 quid esse illi morbi
dixeras? narra senex; der alte Herr ist dem Arzte, den er ge-

rufen hat, vorangeeilt, also = ehe du dich von mir trenntest.
1095 quid ais tu? Menaecchmum, opinor, te vocari dixeras, nämlich v. 1067 also = bevor wir das Gespräch auf anderes brachten.
Cas 599 quin tu suspendis te? nempe tute dixeras tuam arcessi-
turam esse uxorem uxorem meam = bevor wir uns wieder getroffen
hatten. Persa 576 quid agis hospes? # venio, adduco hanc, ut
tibi dudum dixeram = in einer früheren Scene. Ein paar Stellen
zum Vergleich des sehr häufig gebrauchten Perfekts von dicere
füge ich noch an: Trin. 923 dixi ego iam dudum tibi; Poen. 556
quae vobis dudum dixi; Amph. 491 quamquam, ut iam dudum dixi,
resciscet tamen; 526 facitue, ut dixi? Merc. 764 numquam dixi.

Nach der ausführlichen Besprechung der das Plusq. dixeram
enthaltenden Stellen kann ich mich nun im folgenden kürzer
fassen, indem ich der Hauptsache nach nur die Stellen bespreche,
in welchen nach Lübbert, Brix, Ussing (Hauptanmerkung zu
Amph. 379) das Plusq. für das Perfektum steht. Das Plusq. im
Nebensatze von coepi u. ä., das wir bei späteren Schriftstellern
oben sehr häufig angetroffen haben, findet sich As. 125 sed quid
ego cesso ire ad forum, quo inceperam Cas. 898 memora ordine,
ut occeperas Persa 809 perge, ut coeperas; im Hauptsatze Ep. 388
fuit conducibile hoc quidem mea sententia. velut egomet dudum
fili causa coeperam animi mei excruciare = bevor ich auf die
vorhin ausgesprochenen Gedanken kam. Mil. 119 steht occeperam
im Nebensatze bezogen auf das vorausgehende Perf. des Hauptsatzes, und das Plusq. zur Bezeichnung der wiederholten Handlung
Ep. 447 ist selbstverständlich. Sehr häufig ist das Plusq. von
iusseram. Abgesehen von Curc. 42. As. 211 (actio repetita).
408. 413. Anl. 427. Merc. 698. Rud. 1252. Ps. 960. 1117. Men. 986.
Cas. 147. 580, die als nicht auffällig nirgends besonders besprochen
sind, wird das Plusq. für unlogisch erklärt an folgenden Stellen:
Curc. 425 quod istic scriptumst, id te orare iusserat profecto ut
faceres; dagegen hatte v. 420 Curc. gesagt: multam me tibi salutem
iussit Therapontigonus dicere et has tabellas dare me iussit. Wie
der Lateiner sehr oft die Wahl zwischen Perf. oder Plusq. hat,
ist schon mehrfach gezeigt, auch nicht unwahrscheinlich, dafs in
diesem und ähnlichen Fällen die metrische Bequemlichkeit auf
die Wahl eingewirkt hat. Curc. 560 Therapontigonus ist allein
auf der Bühne. Der leno Cappadox tritt auf und redet, ohne
ihn zu sehen. Darauf sagt der Soldat: iusseram salvere te. Acidalius konjizierte iusserim. Ussing sagt: iusseram = iubebam und

fügt hinzu: queritur, quod leno non statim se viderit et salutem reddiderit. Verum hoc ne spectatores quidem andiverunt. Quare Acidalius recte iusserim scripsisse videtur „ut exprimat fastidiosam et iratam salutationem". Est enim coniunctivus non satis scientis, utrum salutare velit an non. Vielmehr hat der Miles ihn in Wirklichkeit nicht gegrüfst, sondern behauptet dies nur, und so ist das Plusq. gerechtfertigt, obwohl, da die ganze Handlung fingiert ist, auch kein bestimmtes Gedankenpräteritum zu finden ist, auf welches man es beziehen könnte. As. 712 datisne argentum? ⧣ si quidem mihi statuam et aram statuis atque ut deo mi hic immolas bovem; nam ego tibi Salus sum. ⧣ etiam tu, ere, istunc amoves abs te atque ipse ad me adgredere atque illa sibi qui hic iusserat mihi statuis supplicasque. Die durch iusserat angedeutete Forderung geht unmittelbar voraus, und eine Zwischenrede, auf die es bezogen werden könnte, ist nicht vorhanden. Die Erklärung „bevor ich anfing zu reden" wäre doch etwas zu hart, ich erkenne also an, dafs hier die Grenze des sprachlich Erlaubten überschritten ist, und dafs die Schwierigkeit des Versbaues wohl das ungenaue Tempus veranlafst hat. Aul. 678 praecurram atque inde observabo aurum ubi abstrudat senex. quamquam hic manere me erus sese iusserat: certumst malam rem potius quaeram cum lucro. Man vergleiche v. 605 is speculatum haec misit me — der Herr hat damals dem Sklaven befohlen, ihn im Tempel der Fides zu erwarten; jetzt, nachdem er all die Neuigkeiten dort erfahren hat, spricht er obige Worte = er hatte es befohlen, bevor ich in der Zwischenzeit dies alles hörte. Aul. 697 Strobilum miror ubi sit, quem ego me iusseram hic opperiri. Diese Worte spricht der Herr. Die Richtigkeit des Plusq. ergiebt sich aus dem zur vorigen Stelle erörterten Zusammenhang. Zweimal begegnet nichtauffälliges mandaveram Stich. 652. Rud. 850.

Oft kommt auch dederam (addideram) vor und zwar meist mit durchaus deutlicher Beziehung auf ein in der Nähe stehendes Präteritum. Falsches Plusq. will man finden Ps. 618 servos eius, qui hinc a nobis est mercatus mulierem, qui argenti meo ero lenoni quindecim dederat minas, quinque debet und Men. 426 impera quidvis modo. ⧣ pallam illam, quam dudum dederas, ad phrygionem ut deferas. Das letztere heifst nach dem Zusammenhange offenbar: bevor du weggingst. In der ersteren Stelle ist freilich auffallend die Nebeneinanderstellung von mercatus est und dederam, aber hier ist wieder einmal bei dem Plusq. unbewufst eine Be-

ziehung gedacht (= priusquam abiit wie v. 54), die bei dem Perf.
nicht mitgedacht ist. Von den noch übrigen über 60 Plusquamperfekten bei Plautus
werden noch 10 von Lübbert, Brix, Ussing als für das Perf. gesetzt bezeichnet. Aber bei der Hälfte ergiebt sich das gedachte
Präteritum, auf welches das Plusq. sich bezieht, mit gröfster
Leichtigkeit; Capt. 938 postulo abs te ut mi illum reddas servom,
quem hic reliqueram (bevor ich wegging). Rud. 554 nunc si me
adulescens Plesidippus viderit, quo ab arrabonem pro Palaestra
acceperam = bevor ich das Schiff bestieg oder bevor die Weiber
verloren gingen. Rud. 1186 credebam edepol turbulentam prae-
dam eventuram mihi, quia illa mihi tam turbulenta tempestate
evenerat = vor dem credebam. Most. 547 conveni illum, unde
hasce aedis emeram = bevor ich auf Reisen ging. Most. 821
quanti hos emeras = bevor du sie mir verkauftest, denn Theopropides meint, das Haus gehöre ihm. Auch Aul. 635 nil equi-
dem tibi abstuli. ⧧ at illud quod tibi abstuleras cedo und Aul. 766
illam ex Silvani luco quam abstuleras cedo kann man ein solches
gedachtes Präteritum unterlegen, im ersten Falle: bevor ich dich
hinaustrieb, aber neben dem vorausgehenden abstulisti ist doch
das Plusq. hart, und dasselbe ist bei der zweiten Stelle der Fall,
wo 760 subrupuisti, 764 neque edepol ego dixi neque feci vorausgehen. So steht es auch mit Amph. 383 Amphitruonis te esse
aiebas Sosiam. ⧧ peccaveram. nam „Amphitruonis socium" dudum
me esse volui dicere. Das zu peccaveram gedachte Präteritum
würde heifsen: bevor ich zur besseren Einsicht kam, auffallend
wirkt es nur vor dem unmittelbar folgenden Perfekt volui. Auch
Stich. 249 ego illuc mehercle vero eo quantum potest. Iamne
exta cocta sunt? quot agnis fecerat? ist so zu erklären: fecerat
bevor du weggingst, cocta sunt vom Standpunkte der Gegenwart
ohne Beziehung auf jenes gedachte Präteritum. Endlich Cist. 1,
3, 38 operam dat . . si possiet meretricem illam invenire, quam
olim tollere, cum ipse exponebat, ex insidiis, viderat. Das Plusq.
ohne exponebat wäre gar nicht auffallend, die beiden Tempora
aber passen unter keinen Umständen zueinander, hier ist also ein
logischer Fehler vorhanden; darum braucht man aber nicht zu
sagen, viderat stehe statt des Perf., ebensogut könnte man meinen,
exponebat stehe statt eines Plusq.
  Aus den übrigen Beispielen hebe ich noch folgende meines
Wissens nirgends besprochene hervor: Aul. prol. 33 id ea faciam

gratia, quo ille eam facilius ducat, qui compresserat; hier kann man Bezug nehmen auf das Präteritum feci von v. 26, aber v. 28 heifst es compressit und nachher 36 qui eam stupravit. Stich. 516 at apud me perendie: nam ille heri me iam vocaverat = bevor ich es dir mitteilte. Ps. 549 quin rus ut irem, iam heri mecum statueram. ⧣ at nunc disturba quas statuisti machinas. = bevor du mich batest, dir beizustehen. Ps. 913 ubi restiteras? ⧣ ubi mihi lubitumst; richtig mit Beziehung auf das vorangehende timebam ne abisses; restitisti würde sogar minder klar sein und noch auf einen gegenwärtigen Zustand hinweisen. Men. 807 et spinter, quod ad hanc detulerat: nunc quia rescivi, refert = es war eine vollendete Thatsache, bevor er es wiederholte. Mil. 473 sed numquam quisquam faciet, quin soror istaec sit gemina huius: eam pol tu osculantem hic videras = bevor du ins Haus gingst und dort wirklich die Geliebte des Bramarbas fandest.

Zwei Stellen sollen zum Schlufs noch etwas eingehender besprochen werden. Aul. 312 quin quom ipsi pridem tonsor unguis dempserat, collegit, omnia abstulit praesegmina ist quom von O. Seyffert eingesetzt, aber ohne ausreichenden Grund, wie Weidner[1]) richtig gesehen hat, der die Begründung hinzufügt, „historiolas fabellasve narrantes homines ubi Plautus induxerit, eos homines sermone semper uti soluto vel ἀσυνδέτως formato“. Das müfste nun freilich erst bewiesen werden. Rodenbusch p. 30 vergleicht richtig Aul. 316: pulmentum pridem ei deripuit miluos: homo ad praetorem plorabundus devenit. Wir haben also hier ein Plusq. im Hauptsatze, welches sich auf ein nachfolgendes Präteritum bezieht; dies ist von Rodenbusch p. 28 f. mit Recht hervorgehoben worden. Plautus hat solcher Plusquamperfekta nur wenige. Aufser den von Rodenbusch erwähnten Curc. 644 tulerat, Men. 592 dixeram erwähne ich noch Mil. 1343a animus hanc modo hic reliquerat, temptabam, spiraret an non; Most. 519 au quaeso tu appellaveras? ita me di amabunt, mortuom illum credidi expostulare, quia percussissem foras. Auch Bacch. 631 überliefern die Handschriften: militis parasitus modo venerat aurum petere hinc. Eum ego meis dictis malis his foribus atque hac reppuli reieci. Welche grofse Rolle dies auf ein nachfolgendes Präteritum bezogene Plusq. im Hauptsatze spielt, wird sich später zeigen.

¹) Adversaria Plautina. Progr., Darmstadt 1882, p. 5.

Die andere Stelle ist Mil. 52, wo allgemein auf die Autorität des Ambrosianus hin geschrieben wird: quid in Cappadocia, ubi tu quingentos simul, ni hebes machaera foret, uno ictu occideras, während die Palatini occideris B² occideres haben. Bezogen ist das durch den Bedingungssatz aufgehobene occideras auf das folgende präteritale Satzgefüge. Aber unbedingt sicher ist die Lesart des A nicht. Die des B² occideres würde Plautinischem Sprachgebrauch durchaus entsprechen, das Imperfektum natürlich präterital gefaſst. Ein solches Plusq. aber, das nicht einen Begriff des Könnens, Müssens u. ä. ausdrückt — und auch diese sind ganz selten — im Nachsatz zu einem konjunktivischen Bedingungssatz ist sonst nicht aus dem alten Latein bekannt. Es liegt also die Möglichkeit vor, daſs die Lesart des A späterem Sprachgebrauch entstammt, die Palatini den Plautinischen Gebrauch richtig wiedergeben.

Aus den bisherigen Erörterungen ergeben sich folgende Sätze: 1) Das Plusquamperfektum im Haupt- oder Nebensatze ist, wie auch im klassischen und späteren Latein, häufig gebraucht mit Beziehung auf ein vergangenes Ereignis, das aus dem Zusammenhang erschlossen werden muſs, ohne daſs überhaupt oder in unmittelbarer Nähe des Plusq. eine Tempusform dieses Ereignis bezeichnete. Das verhältnismäſsig häufige Vorkommen dieses Plusq. bei Plautus erklärt sich zur Genüge aus dem Stilcharakter der Komödie mit ihren fortwährenden Beziehungen auf den Dialog und frühere Scenen. 2) Etwa 10 Beispiele zeigen dieses Plusq. einem Perfekt temporal coordiniert, also 2 Tempusformen mit verschiedener Beziehung, wo man aus Gründen der Konzinnität gleiche Beziehung erwarten sollte. In diesem Falle darf man wohl annehmen, daſs die Bequemlichkeit des Versbaus den Dichter zur Wahl dieser Form und so die Inkonzinnität des Satzbaues veranlaſst hat. Man wird daneben auch annehmen können, daſs die Umgangssprache es mit der Konzinnität der Tempora nicht so genau nahm. Eine Tempusverschiebung aber ist das nicht zu nennen, sondern das Plusq. ist überall in seiner eigentümlichen Bedeutung gedacht. 3) Das Plusq. im Hauptsatze wird auch schon bei Plautus mit Beziehung auf ein nachfolgendes Präteritum gebraucht. 4) Ein sogenanntes absolutes Plusq. findet sich überhaupt nicht. 5) Eine wirkliche Tempusverschiebung ist zu erkennen in dem Gebrauch des Plusq. von esse, wo es a) allein steht, b) in Verbindung mit einem Adjektiv wie aequom, par u. ä. die

Aussage bildet, c) neben dem Part. Perf. Pass. steht — neben den Partizipien des Futurs begegnet es bei Plautus nicht — und von eram oder fui nicht zu unterscheiden ist.

§ 5. Erklärung der Tempusverschiebung.

Die Erklärung wird am besten vorbereitet dadurch, dafs ich auf analoge Erscheinungen im Deutschen aufmerksam mache. Falsche Plusquamperfekta kommen auch in unserer Sprache nicht selten vor. Lübbert selbst a. a. O. p. 166 schreibt: „dies rührt daher, weil auch das spätere Latein den absoluten Gebrauch des Imperfekts noch in sehr ausgedehntem Mafse kennt und nur hinsichtlich der Zeitsätze eine entschieden andere Syntax angenommen hatte". Es dürfte schwer fallen, ein Präteritum zu denken, worauf dies Plusq. sich bezieht. Falsche Plusquamperfekta gebraucht auch ein glänzender Stilist wie Brugsch, Deutsche Rundschau 1891/92 p. 402: Unser gemeinsames Zusammenleben und unsere gemeinsam durchgeführten Studien der gehobenen Schätze bildeten eine Freundschaft aus, die erst nach dem Tode Mariette's im Jahre 1880 ihren irdischen Abschlufs gefunden hatte; und p. 424 ein steinerner Sarkophag aus der Epoche der 4. Dynastie, von jener Einfachheit, die ich vorher besungen hatte. Eher erträglich, aber doch falsch ist die Stelle p. 428: um ... die Erinnerung an die Helden der Vorzeit, die bereits den Griechen im Dunkel sagenhafter Überlieferung erschienen waren, für alle Zeiten als eine köstliche Reliquie zu bewahren. In einer Berliner Zeitung konnte man täglich falsche Plusqq. folgender Art lesen: S. Majestät der Kaiser waren heute Morgen ausgefahren, hatten dann Audienz erteilt etc., ohne dafs ein Präteritum gefolgt wäre, worauf man diese Tempora hätte beziehen können. Aber diese hier erwähnten Plusquamperfekta verdanken ihre Prägung wohl kaum einer durchgehenden Gewohnheit der Sprache des täglichen Lebens. Eine solche weitverbreitete falsche Gewohnheit aber existiert — Wustmann würde das eine Sprachdummheit nennen — in mittelrheinischen Gegenden z. B. in Mainz, besonders aber in Darmstadt und dem Odenwalde. Alltäglich hört man dort von Gebildeten und Ungebildeten „ich war" oder „ich bin gewesen" ersetzt durch „ich war gewesen", „ich hatte" oder „ich habe gehabt" durch „ich hatte gehabt". In Darmstädter Zeitungen findet man diesen Solöcismus infolgedessen sehr häufig; leider habe ich versäumt, eine Sammlung anzulegen. Doch fand

ich neulich in einer hiesigen Zeitung folgende Nachricht aus Mainz:
Gestern fand hier ein Hessischer Handelskammertag statt, der nicht
weniger als 5 Stunden in Anspruch g e n o m m e n h a t t e; eine
andere Nachricht lautete: Die Schulkinder von X unter Führung
des Lehrers h a t t e n heute einen Ausflug nach Marburg u n t e r -
n o m m e n; ohne folgendes Bezugspräteritum; und ein hochgebil-
deter Redner aus Darmstadt, den ich kürzlich hier hörte, zollte
der heimischen Sprachgewohnheit folgenden Tribut: Ich kann hinzu-
fügen, dafs es mir ein angenehmes Gefühl g e w e s e n w a r, hierher eingeladen zu werden.

Wie ist dies zu erklären? Mir scheint hier das vorzuliegen,
was Z i e m e r[1]) Ausgleichung zweier Gedankenformen oder Kombinationsausgleichung nennt. Er sagt p. 93: „Zwei verschiedene
syntaktische Strukturen, die im Bewufstsein des Sprechenden irgendwie mit einander associiert sind, steigen in einem Moment, wo von
dem Zweck des Sprechenden eigentlich nur die eine von beiden
gefordert wird, alle beide im Bewufstsein auf und gleichen sich in
der Weise durch gegenseitigen Einflufs aus, dafs bei der Verleib-
lichung der vorgestellten Sprachformen durch die Sprachorgane
von jeder der beiden ursprünglich getrennten Vorstellungen ein
Merkmal zum Ausdruck gelangt". Die Anwendung dieser psycho-
logischen Erklärung auf unseren Fall ist folgende: Auf die Frage:
wo warst du, oder wo bist du gewesen? hat der Befragte 2 Tempora zur Verfügung: das Imperfekt und das Perfekt, er kann mit
„ich war" oder „ich bin gewesen" antworten: Die Kombinationsausgleichung hiervon ist: ich war gewesen. Genau dieselbe Ausgleichung ergiebt sich nun auch für das lateinische fueram. Es
ist aus der Kombination von fui und eram entstanden. So erklärt
sich denn auch, dafs wir eine eigentliche Verschiebung bei Plautus
nur bei fueram gefunden haben. Denn bei den übrigen Verben
lag eine derartige Kombinationsmöglichkeit nicht vor: habueram
kann nicht aus habui und habebam kontaminiert sein, hier fehlte
die Veranlassung der lautlichen Übereinstimmung. Wenn also später
eine Verschiebung des Plusq. auch bei anderen Verben konstatiert
wird, so ist sie entweder eine Analogie zu fueram, oder sie mufs
auf anderem Wege erklärt werden. Es kann unsere Hypothese nur
unterstützt werden durch die Thatsache, die Schneider p. 15 f.
seiner oben erwähnten Dissertation erwiesen hat, dafs die latei-

---

[1]) Junggrammatische Streifzüge², Colberg 1883, p. 91 ff.

nische Umgangssprache (so gut wie die deutsche), wie sie sich
namentlich im Dialog zeigt, unbekümmert um feinere Unterschei-
dungen von momentanen und in der Entwicklung begriffenen Handlungen ganz nach Belieben zwischen Perf. und Impf. wechselt.

§ 6. Das Plusquamperfekt bei den übrigen Autoren des alten Latein.

Der Sprachgebrauch des Terenz unterscheidet sich wenig
von dem Plautinischen. Das Plusq. in Perioden der wiederholten
Handlung steht E. 398. 404 si quando. Hec. 130 si quando. 181. 802.
Häufig ist verschobenes fueram. Neben dem Partic. Perf. Pass.
erscheint es viermal. E. 280 detineo te: fortasse tu profectus
alio fueras E. 569 quem mercatus fuerat frater Thaidi.
Ph. 536 quod hic si pote fuisset exorarier, triduom hoc promissum fuerat. Hec. 640 nam abducta a vobis praegnas fuerat
filia. Ebenso oft erat: Heaut. 287. Hec. 130. Ad. 618. 630.
Ferner begegnet verschobenes fueram an folgenden Stellen: A. 543
ut me adiuves in hac re, atque ita uti nuptiae fuerant futurae, fiant; 587 non fuerant nuptiae futurae; E. 258 quibus
et re salva et perdita profueram et prosum saepe; 870 ut eam
non possim suis, ita ut aequom fuerat atque ut studui, tradere;
Ph. 400 si falsum fuerat, quor non refellit? 651 ita ut aequom
fuerat, volui uxorem ducere; 787 praesens quod fuerat malum,
in diem abiit; Hec. 284 quanto fuerat praestabilius ubivis
gentium agere aetatem; 561 aderam, quoius consilio par ea
fuerat prospici; 570 hoc mi unum ex plurumis miseriis relicuom
fuerat malum, si puerum ut tollam cogit; 648 etiam si dudum
fuerat ambiguom hoc mihi, nunc non est; 868 hic quos fuerat
par resciscere sciunt; Ad. 686 virginem vitiasti, quam te non
ius fuerat tangere. Dziatzko, um dies nicht zu übergehen, versucht zu Ph. 651 die Erklärung: aequom fuerat im Plusq., indem
die dem volui vorausgehende Erwägung des aequom berücksichtigt
wird. Das Perf. und Impf. scheint Terenz sogar weniger häufig
neben diesen Adjektiven angewendet zu haben als das Plusq.
Wenigstens habe ich mir nur Ph. 908 par fuit, Ad. 675 aequom
fuit, Ph. 797 sat erat notiert.

Im übrigen ist das Plusq. bei Terenz meist regelrecht auf ein
in der Nähe stehendes Präteritum bezogen. Seltener als bei Plautus
ist dies dem Zusammenhange zu entnehmen. A. 183 carnufex,
quae loquitur. ‡ erus est, neque provideram = bevor er seine
Stimme erhob; 732 sponsae pater intervenit. repudio quod con-

silium primum intenderam (bevor sich der Vater der Verlobten zeigte); E. 664 perii, obsecro, tam infandum facinus, mea tu, ne audivi quidem. ⧣ at pol amatores mulierum esse audieram maxumos, sed nil potesse: verum miserae non in mentem venerat (bevor die That geschah); Heaut. 660 vivitne illa, quoi tu dederas? = bevor das eintrat, was sie erzählt hat; 866 em, istuc volueram = bevor du davon redetest; 1053 video non licere, ut coeperam, hoc pertendere = bevor diese mit Bitten auf mich einstürmten; Ph. 814 sic pol commodius esse in omnis arbitror, quam ut coeperas, manere hanc; nam perliberalis visast, quom vidi mihi = vor dem Fortgang des Gesprächs; Hec. 142 nam nemo ad te venit nisi cupiens tui: ille invitus illam duxerat = vor den v. 136 ff. genannten Perfekten; Ad. 174 non innueram: der Sklave hat ohne Befehl den Kuppler zum zweiten Male geschlagen = bevor du schlugst; 373 haud aspexeram te = bevor du dich bemerklich machtest. Auffallend ist das von Ussing zu Amph. 379 angeführte E. 1029 sed fores crepuerunt ab ea. ⧣ perii, quid hoc autemst mali? hunc ego numquam videram etiam = vor seinem Erscheinen. Dagegen ist von Lübbert schwerlich mit Recht behauptet worden, Ph. 576 venisse eas salvas audivi ex nauta, qui illas vexerat würde im klassischen Latein vexit lauten. Wohl aber reihen sich zwei von Brix erwähnte Stellen hier an, die jene bei Plautus öfter konstatierte freie Koordination von Perf. und Plusq. zeigen. Hec. 811 nil aliud dicam? ⧣ etiam: cognosse anulum illum Myrrinam gnatae suae fuisse, quem ipsus olim dederat mihi; Ad. 345 tum praeterea, quae secunda ei dos erat, periit: pro virgine <ea> dari nuptum <hau> potest. hoc relicuomst: si infitias ibit, testis mecum anulus, quem amiserat. Hierzu füge ich noch Heaut. 329 tum quod illi argentum es pollicitus, eadem hac inveniam via, quod ut efficerem orando surdas iam auris reddideras mihi. Hervorzuheben ist noch, dafs die bei Plautus so häufig vorkommenden Plusquamperfekta dixeram u. iusseram bei Terenz gänzlich fehlen.

Endlich ist eines Plusq. im Bedingungssatze Erwähnung zu thun, das äufserlich eine grofse Ähnlichkeit mit dem oben besprochenen Plautinischen Verse Mil. 52 (occideras) hat, nämlich A. 691 quam facile potuerat quiesci, si hic quiesset; aber doch nur äufserlich; denn während die Handlung von occidere einen Zustand aus sich hervorgehen läfst, = du hattest getötet = er war tot, und mit occidebas oder occidisti nicht vertauscht werden kann, ist ein solcher Zustand bei potueras nicht denkbar und dieses von poteras durchaus nicht zu unterscheiden. Ein analoges, schon in anderem Zusammenhange mitgeteiltes Plautinisches Beispiel ist nun Stich. 512 et magis par fuerat me vobis dare cenam advenientibus, quam ad illum me promittere, ei nisi nollem adversarier. Umgekehrt findet sich ein dem Plautinischen occideras gleiches Beispiel, aber ohne Protasis, E. 417 iugularas hominem = er war tot. Das erste Beispiel einer Verschiebung von potueram bietet also Terenz, und wir werden wohl kaum irren, wenn wir dies der Analogie von fuerat in Verbindung mit einem das Angemessene etc. bezeichnenden Adjektiv zuschreiben. — Zum Schlufs zähle ich noch 4 Stellen mit Plusq. im Hauptsatze, das auf folgendes Präteritum bezogen ist, auf. Ph. 101 commorat omnis nos. ibi continuo Antipho (sc. inquit); 594 vixdum dimidium dixeram, intellexerat: gaudebat, me laudabat, quaerebat senem; Hec. 172 ea ad hos redierat lege hereditas. eo amantem invitum Pamphilum extrudit pater; 862 recte amasti, Pamphile, uxorem tuam; nam numquam ante hunc diem meis oculis eam, quod nossem, videram: perliberalis visast.

Cato's Vorschriften über den Landbau haben es nur mit Gegenwart und Zukunft, nicht mit der Vergangenheit zu thun; es ist also begreiflich, dafs wir bei ihm überhaupt keinen Stoff finden. Das Wenige, was Varro bietet, zeigt ihn in Übereinstimmung mit den Klassikern. Ein fuerat neben dem Partic. Perf. Pass. oder sonst kommt nicht vor, wohl aber das Plusq. mit erat, wie er denn auch l. l. 8, 58 u. 10, 48 amatus eram, sum, ero als zusammengehörige Formen des Verbums nebeneinander stellt, die mit fui etc. zusammengesetzten nicht erwähnt. Ungewöhnlich, aber wohl durch Beziehung auf das folgende zu erklären ist l. l. 9, 61 e quibus aeque cum item accidisset feminis, proportione ita appellata declinarant praenomina mulierum antiqua, Mania, Lucia, Postuma. Wiederholte Handlung ist ausgedrückt 5, 161 si relictus erat 6, 71 qui spoponderat filiam, despondisse dicebant . . . non enim si volebat, dabat. Aus den Fragmenten der Historiker ist ebenfalls keine Unregelmäfsigkeit zu verzeichnen. Lucrez verwendet nach Holtze[1]) p 138 mehrmals das Plusq. im Nebensatze zur Bezeichnung der wiederholten Handlung; einmal nennt er es condicionaliter positum 5, 175 quid potuit novitatis amorem accen-

---

[1]) Syntaxis Lucretianae lineamenta. Leipzig 1863.

dere tali? quidve mali fuerat nobis non esse creatis? Hier haben
wir also verschobenes Tempus.

§ 7. Das Plusquamperfekt bei Cicero.

Wir kommen jetzt zur klassischen Latinität. Dräger behandelt das Plusq. an nicht weniger als 5 Stellen. Aber gleich an
der ersten, die die Überschrift führt: Plusq. statt des Perf., finden
sich die verschiedensten Dinge durcheinander gemischt, nur etwas
der Überschrift Entsprechendes ist nicht zu entdecken. Nicht
„weniger auffallend", wie Dräger meint, sondern gar nicht auffallend ist zunächst Verr. 2, 89 una nox intercesserat, cum iste
Dorotheum sic diligebat. Über dixeram u. ä. sowie über contempseram ist oben schon gehandelt. Im § 134 redet Dräger dann von
den Formen des Perf. u. Plusq. Passivi, die mit fui und fueram
gebildet sind, und bringt für das Plusq. ein Beispiel aus Cicero bei
div. 1, 74 armaque quae fixa in parietibus fuerant, ea sunt
humi inventa mit der Erklärung: „die Waffen waren bis dahin
angeheftet gewesen, dann aber nicht mehr, wogegen erant bedeuten
könnte, sie wären es noch gewesen". Genauer müfste es so heifsen:
Fixa erant kann in einem anderen Zusammenhange bedeuten: sie
waren befestigt und waren es noch; in diesem Zusammenhange ist
durch den Nachsatz dieser Gedanke ausgeschlossen. Trotzdem ist
fuerant gebraucht, um von vornherein ein Mifsverständnis auszuschliefsen. Eine Verschiebung des Tempus liegt nicht vor, und
derartige Plusquamperfekta, denen fast allen das Streben nach
genauem, unmifsverständlichem Ausdruck zu Grunde liegt, begegnen
bei Cicero mehrere. So Brut. 320 nam is post consulatum . . .
summum illud studium remisit, quo a puero fuerat incensus = er
war es gewesen bis zum Consulate. Tusc. 5, 55 at Cinna collegae
sui, consulis Cn. Octavii, praecidi caput iussit, P. Crassi, L. Caesaris, nobilissimorum hominum, quorum virtus fuerat domi mili-
tiaeque cognita. Div. 1, 104 ipsa enim brevi mortua est, virgo
autem nupsit, cui Caecilia nupta fuerat. 2, 67 eaque scuta, quae
fuerant sublime fixa, sunt humi inventa. Off. 3, 80 conscripserunt
communiter edictum cum poena atque iudicio constitueruntque, ut
omnes simul in rostra post meridiem escenderent. Et ceteri quidem
alius alio, Marius ab subselliis in rostra recta idque, quod communiter compositum fuerat, solus edixit = es war gewesen, aber die
anderen hielten sich nicht daran. Tim. 14 id quod medium est,

tum primum fit, tum postremum, postrema autem et prima media fiunt; ita necessitas cogit, ut eadem sint ea, quae disiuncta fuerant. eadem autem cum facta sint, efficitur, ut omnia sint unum = er war gewesen und war nicht mehr im Augenblicke des facta sunt. Aber weder an dieser, noch an der vorhergehenden Stelle hätte erant ein Mifsverständnis ergeben. Fam. 1, 8, 3 quae enim proposita fuerant nobis, cum et honoribus amplissimis et laboribus maximis perfuncti essemus, dignitas in sententiis dicendis, libertas in re publica capessenda, ea sublata tota sunt. Im Hinblick auf sublata sunt ist dies Plusq. genau so gedacht wie die vorhergehenden; aber im Vergleich mit dem Zwischensatze perfuncti essemus ist es durchaus unlogisch. Vollkommene Verschiebung aber ist eingetreten Q. fr. 2, 5, 2 huic convivio puer optimus, Quintus tuus meusque, quod perleviter commotus fuerat, defuit. 2, 6, 2 quod Idibus et postridie fuerat dictum de agro Campano actum iri, non est actum = es war und blieb gesagt. Att. 5, 1, 3 ex quo ego veni ad ea, quae fueramus ego et tu inter nos de sorore in Tusculano locuti ist nicht zu unterscheiden von fam. 1, 8, 7 exspectabantur litterae tuae, de quibus eramus iam cum Pompeio locuti; und Servius schreibt fam. 4, 5, 4 quae si hoc tempore non diem suum obisset, paucis post annis tamen ei moriendum fuit, quoniam homo nata fuerat. Neben dem Part. futuri steht fuerat Att. 4, 17, 4 sed senatus hodie fuerat futurus und fam. 1, 9, 17 recreatus abs te totus est nunc ab iis, a quibus tuendus fuerat derelictus. Für Vollständigkeit der Sammlung kann ich hier allerdings nicht einstehen, da ich die Reden nicht daraufhin durchgelesen habe. Aus diesen citiere ich noch nach Neue, Formenlehre II, p. 354: Verr. 4, 78. 5, 101; Cael. 65; Dei. 7, 19; Phil. 1, 30, wo überall das fueram von eram zu unterscheiden ist. Aber Cael. 64 quos quidem tu quam ob rem „temere prosiluisse" dicas atque ante tempus, non reperio. fuerant hoc rogati, fuerant ad hanc rem conlocati, ut venenum ... comprehenderetur. potueruntne magis tempore prosilire, quam cum Licinius venisset erkennt man zwar die Veranlassung des fuerant in den nachfolgenden Präteriten, aber erant wäre doch auch nicht mifsverständlich gewesen. Verr. 5, 10 ist das von den besten Handschriften überlieferte homines, qui fuerant nominati, comprehensi sunt nicht von erat verschieden. Nipperdey, quaestt. Caesarianae p. 77 citiert noch Sulla 63 poenam ambitus eam referebat, quae fuerat nuper superioribus legibus constituta. Halm setzt ein Komma nach nuper

und übersetzt: bestanden hatte; aber auch wer fuerat mit constituta verbindet, unterscheidet fuerat deutlich von erat.

Auch alleinstehendes, logisch unrichtiges fuerat schreiben sowohl Cicero wie seine Korrespondenten. Richtig steht es z. B.
Att. 4, 5, 1 iidem erant, qui fuerant und fam. 15, 11, 1 quantae
curae tibi meus honos fuerit et quam idem exstiteris consul in me
ornando et amplificando, qui fueras semper cum parentibus tuis
et cum tota domo. Att. 5, 8, 2 consilium ... fuerat u. ib. 3 nihil
nobis fuerat tanti scheinen sich aus dem Briefstil zu erklären.
Richtig ist auch Att. 7, 3, 8 de serpirastris cohortis meae nihil est
quod doleas; ipsi enim se collegerunt admiratione integritatis meae.
Sed me moverat nemo magis quam is, quem tu neminem putas:
idem et initio fuerat et nunc est egregius; denn fuerat ist gleichzeitig
mit moverat, vor dem collegerunt. Q. fr. 2, 5, 3 coenatus in hortos
ad Pompeium lectica latus sum. Luci eum convenire non potueram, quod afuerat erklärt Haase zu Reisig A. 456 durch Koordination zu potueram statt der strengeren Subordination. Man kann
auch sagen, quod afuerat ist unlogischer Weise, statt auf potueram,
auf latus sum bezogen; es schwebt der Gedanke vor: quod luci
afuerat, coenatus latus sum; und Att. 4, 5, 2 qui villam me mo-
leste ferunt habere, quae Catuli fuerat, a Vettio emisse non cogi-
tant schwebt das folgende emisse vor: sie hatte ihm gehört, bevor
Vettius sie besafs, von dem ich sie kaufte. Ähnliche Erklärung
ist noch möglich Brut. 31 huius (sc. Socratis) ex uberrimis ser-
monibus exstiterunt doctissimi viri; primumque tum philosophia
non illa de natura, quae fuerat antiquior, sed haec, in qua de
bonis rebus et malis deque hominum vita et moribus disputatur,
inventa dicitur, wo fuerat vielleicht im Hinblick auf das folgende
inventa esse gesetzt ist und off. 1, 21 ex eo quia suum cuiusque
fit eorum, quae natura fuerant communia, quod cuique obtigit, id
quisque teneat. Fuerant soll hier wie in den meisten Beispielen
neben dem Part. Perf. das Gewesensein hervorheben; das ware
aber auch dem fit gegenüber durch fuerunt geschehen, und so
scheint fuerant durch Beziehung auf das in Gedanken schon vor-
schwebende obtigit entstanden zu sein. Aber in einigen Stellen
aus den Briefen liegt offenbare Verschiebung vor: Q. fr. 1, 2, 16
contra antiqua manus bonorum ardet studio nostri atque amore;
si qui antea aut alieniores fuerant aut languidiores, nunc horum
regum odio se cum bonis coniungunt; oder ist aus dem letzten
Satze eiu ungeschriebenes facti sunt herauszulesen? Att. 9, 18, 2

nullum video finem mali. nunc certe promenda tibi sunt consilia: hoc fuerat extremum. Pis. 15 huic enim populo ita fuerat ante vos consules libertas insita, ut ei mori potius quam servire praestaret. Aus den Briefen der Korrespondenten ist zu verzeichnen fam. 10, 15, 2 Plancus: Lepidus ne mediocrem quidem equitatum habebat; nam etiam ex paucitate eius non multis ante diebus decem, qui optimi fuerant, ad me transierunt. Oder hat er sagen wollen: die bei Lepidus die besten gewesen waren? Cael. fam. 8, 1, 2 eos sermones expressit, qui de eo tum fuerant, cum Romae essemus. Schon beginnt die Verschiebung auch habere zu ergreifen· Denn wenn auch Cic. fam. 13, 24, 2 tantum litterae meae potuerunt, ut iis lectis omnem offensionem suspicionis, quam habueras de Lysone, deponeres noch zu erklären ist mit Beziehung auf deponeres, weil das habere vorbei ist im Augenblick des deponere, so fehlt doch diese Beziehung gänzlich bei Lentulus fam. 12, 15, 5 navique longa profugerunt onerariis relictis, in quibus colligendis non minimum temporis laborisque consumpserant. itaque cum ab Rhodo cum iis, quas habueramus, navibus in Lyciam venissemus, naves onerarias recepimus. Fam. 11, 27, 6 bezieht sich das auf den ersten Blick auffallende effeceras auf das im folgenden enthaltene Perfekt.

Verschobenes fuerat neben einem Adjektiv oder Adverbium habe ich an folgenden Stellen gefunden: Cornif. 2, 34 satis enim fuerat dixisse; off. 3, 94 quanto melius fuerat in hoc promissum patris non esse servatum; Lael. 15 quem fuerat aequius, ut prius introieram, sic prius exire de vita. Hieran schliefsen sich die Plusquamperfekte von Verben des Könnens und jetzt bei Cicero auch des Müssens. Nicht immer sind es verschobene Tempora, z. B. nicht Att. 8, 12, 1 nam pridie quoquo modo potueram scripseram; hier kann man von einer Art von Attraktion zu scripseram sprechen, potueras ist in die Beziehung von scripseram einbezogen. Ähnlich steht es mit fam. 16, 15, 1 quem venire oportuerat, non venerat. Einem Perfektum vorzeitig steht es Q. fr. 1, 2, 5 quem adductum in iudicium fortasse dimitti non oportuerat, conquiri vero et elici blanditiis, ut tu scribis, ad iudicium necesse non fuit. Aber wenn man auch diese und ähnliche Veranlassungen für die Wahl des Plusq. auffindet, so ist doch nicht zu leugnen, dafs überall das Perf. oder Impf. auch eingesetzt werden könnte. Andere Stellen sind Mur. 51 tum erupit e senatu triumphans gaudio, quem omnino virum illinc exire non oportuerat. Phil. 1, 10 quamquam parum erat (id enim ipsum a Bruto audieram) a quibus debuerat, adiutus. Ac. pr. 2, 54 quid pugnas igitur? aut quid tibi vis in geminis? conceditur enim similes esse, quo contentus esse potueras. Div. 2, 133 non potueras hoc igitur a principio, citharista, dicere? Tusc. 3, 54 sed id quod ratio debuerat, usus docet, minora esse ea, quae sint visa maiora. Att. 15, 7 Servius .. videtur .. omnes captiunculas pertimescere; debuerat autem non „ex iure manum consertum", sed quae sequuntur, tuque scribes.

Ich habe oben gesagt, dafs die Verschiebung dieser Verba wahrscheinlich an die Analogie von aequom fuerat angeknüpft hat. Indessen könnte man eine zweite Ursache denken, die seit Ciceros Zeit die Verschiebung befördert hätte. Die erste und älteste Tempusverschiebung nämlich im Lateinischen ist die des Konj. Impf. und Plusq. im Bedingungssatze zum Irrealis der Gegenwart resp. der Vergangenheit. Die ursprüngliche Präteritalbedeutung des Konj. Impf. ging, wie im Deutschen, in dieser Verbindung völlig verloren; der Konj. Plusq., der analog dem Ind. Plusq. ursprünglich eine vergangene, vollendete Handlung ausgedrückt haben mufs, die im Zusammenhang der Rede nur als vor einer anderen vergangenen Handlung geschehen erscheinen mufs, wurde zum einfachen Präteritum. Nun ist bekannt, dafs die Lateiner, im Gegensatz zu uns, die wir den Konjunktiv bevorzugen, von Verben des Könnens und Müssens den Indikativ auch neben konjunktivischem Bedingungssatze gebrauchen. Übrigens werden possem und potuissem in der Apodosis sogar häufiger bei Cicero und später gebraucht als die entsprechenden Indikative, während von Verben des Müssens die Indikative überwiegen[1]). Nun hatte man vor der Verschiebung des Konj. Impf. zum Irrealis der Gegenwart zur Übersetzung des deutschen „wenn du wolltest, könntest du" zwei Formen: si velis, potes und (bei Plautus noch seltener) si velis, possis. Neben diese letztere Form, welche im alten Latein noch beliebig zum Ausdruck potentialer und irrealer Gedanken gebraucht wird, trat nun die Form si velles, posses, und beide teilten sich nun so in die ursprünglich nur durch das Präsens vertretenen Funktionen, dafs ersteres dem Ausdruck potentialer, letzteres dem irrealer Gedanken in der Gegenwart diente. Je enger aber der Verband, desto leichter die Beeinflussung, sagt Ziemer a. a. O., p. 60, und so führte das Vorbild der Form si velis, potes, die Ge-

---

1) Vgl. Blase, Gesch. d. Irrealis, p. 75 ff.

wöhnung an den Gebrauch indikativischer Formen von Verben des
Könnens und Müssens einerseits, die Verschiebung des Konj. in
Bedingungssätzen anderseits zur Bildung einer neuen Form si
velles, poteras mit einem zum Irrealis der Gegenwart ver-
schobenen Indik. des Impf. Beispiele hierfür s. bei Dräger² I, p. 297.
Die Verschiebung des Indik. des Impf. mag dann aber weiter seit
Ciceros Zeit zur Verschiebung des Indik. Plusq. mitgewirkt haben.

§ 8. Non putaram, malueram.

Eine Tempusverschiebung ist dagegen in dem von Dräger
§ 146 behandelten formelhaften malueram und non putaram nicht
zu finden. Richtig erklärt das letztere Dräger: „ursprünglich hatte
ich die Absicht"; ich füge hinzu: aber es ist etwas dazwischen-
gekommen, daher das Plusq. Für malueram kenne ich kein wei-
teres Beispiel als die von Dräger angeführten Att. 2, 19, 3. fam.
7, 3, 6. Lucan 8, 521. Tac. ann. 15, 2. „Non putaram" muſs
ein dem Cicero sehr geläufiger Ausdruck gewesen sein, wenn es
auch nicht gerade häufig begegnet; das beweist das einzige von
Dräger citierte Beispiel off. 1, 81 nec committere, ut aliquando
dicendum sit: non putaram. Dazu fam. 2, 10, 1 quod non putaram; 9, 12, 2 oratiunculam pro Deiotaro quam requirebas, habebam
mecum, quod non putaram. Hierher gehört auch putaram nach
dem Komparativ wie fam. 7, 5, 1 Pompei commoratio diuturnior
erat, quam putaram; Q. fr. 2, 1, 1 senatus fuit frequentior, quam
putaramus esse posse mense Decembri sub dies festos. Und auch
in positiven Sätzen entspricht putaram unserem „ich hätte gedacht"
wie Att. 12, 23, 1 putaram te aliquid novi, quod eiusmodi fuerat
initium litterarum, quamvis non curarem, quid in Hispania fieret,
tamen de scripturam, sed videlicet meis litteris respondisti, ut de
foro et de curia; 13, 5 Sp. Mummium putaram in decem legatis
fuisse, sed videlicet < erravi > ; 13, 24 quid est, quod Hermogenes
mihi Clodius Andromenem sibi dixisse se Ciceronem vidisse Cor-
cyrae? ego enim audita tibi putaram. Es ist also bei diesem Ausdruck des Cicero dasselbe Verhältnis zwischen Deutsch und Latein
wie bei den Verben des Müssens: Wir ziehen den Konjunktiv vor,
ohne den Indikativ auszuschliefsen, die Lateiner umgekehrt. Aber
diese Vergleichung genügt nicht, da ja der Lateiner die Indikative
durchaus nicht etwa als Konjunktive empfindet; und so ist darauf
aufmerksam zu machen, dafs putaram auch sonst bei Cicero häufig
ist, wo wir es indikativisch übersetzen; so z. B. dreimal ita puta-

ram Att. 7, 18, 1 responsa Pompei grata populo et probata contioni esse dicuntur: ita putaram = das hatte ich mir gedacht;
13, 25, 1 de Andromene, ut scribis, ita putaram; 16, 2, 5 de Tutia
ita putaram. Diese Vorliebe für das Plusq. von putare ist dem
Cicero eigentümlich, nicht etwa der Konversationssprache überhaupt. Ich kenne nur noch ähnliches bei Val. Max. 7, 2, 2 non
putaram und Sen. rhet. contr. 1, 3, 4 nihil putaveram. Vergleichen
kann man etwa noch Cyprian ep. p. 509, 6 optaveram quidem...
ut universum clerum salutarem.
Dafs hier und da ein Späterer für malueram maluissem setzt,
sagt Dräger a. a. O. Aufser Sueton Vesp. 8 und Gellius 13, 22, 1
führe ich an Liv. 7, 5, 6 nec perinde ut maluisset plebes sibi
suffragii ferendi de tam crudeli et superbo reo potestatem fieri,
ita aegre habuit filium id pro parente ausum; Seneca dial. 1, 5, 6
maluissem offerre quam tradere; Orosius 3, 15, 7 quid de exagge-
randa huius foedissimi foederis macula verbis laborem, qui tacere
maluissem? Sulpicius Severus V. S. M. 1, 9 maluissem; Avitus
p. 50, 1 maluissemus; ähnlich cupissem bei Seneca dial. 6, 1, 8;
ut optassent pan. latt. p. 278, 18. Und um dies hier gleich an-
zuschliefsen, obwohl es streng genommen nicht hierher gehört,
zuweilen findet sich statt des Potentialis des Imperfekts das Plusq.:
Seneca dial. 6, 13, 2 putasses eius luctus aliquem finem esse
debere; Petron p. 52, 11 putasses illum semper mecum habitasse;
pan. latt. p. 278, 23 quis tum . . non putasset? Avitus p. 91, 9
putasses; und so von Verben des Wollens, wo die klassische Zeit
regelmäfsig den Konj. Impf. mit Inf. Perf. oder mit Konj. Plusq.
setzt: Symmachus ep. 8, 14 vos interesse voluissem und so auch
8, 34 u. 59; Ennodius p. 10, 17 voluissem tamen talem circa
parvitatem meam dignatio vestra tenuisset affectum 18, 6 noluissem
morderi; Boëtius cons. p. 56, 20 nonne quia vel aberat quod abesse
non velles vel aderat quod adesse noluisses; 100, 5 id ipsum eis
licere noluissem.

§ 9. Vorläufige Resultate. Das Plusquamperfekt bei Caesar.

Ziehen wir das Facit aus dieser Besprechung des ciceronianischen Gebrauchs, so hat sich ergeben, dafs selbst Cicero und seine
hochgebildeten Korrespondenten sich nicht völlig dem Einflusse der
Volkssprache haben entziehen können, in der, wie wir annehmen,
schon zu Plautus' Zeit die Verschiebung von fuerat teilweise durch-

geführt war. Nichts ist geeigneter, den Zustand jener Zeit verständlich zu machen, als die Betrachtung von Plaut. Most. v. 821. Der durchtriebene Sklave Tranio macht den heimgekehrten Vater Theopropides, dem er weisgemacht hat, sein Sohn habe für ihn das Haus des Nachbars Simo gekauft, während dieser nur glaubt, Theopropides wolle das Haus besichtigen, auf die Schönheit der Pfosten aufmerksam, um darzuthun, welch guten Kauf man gemacht habe. Theopropides antwortet 820 non videor vidisse postis pulcriores, und Simo erwidert pol mihi eo pretio empti fuerant olim, d. h. ja, sie hatten mir auch ein schönes Stück Geld gekostet sc. „bevor sie hier aufgestellt wurden", oder sonst ein in Gedanken hinzuzufügendes Präteritum. Sonst aber unterscheidet sich empti fuerant von empti erant nicht. Dies benutzt nun Tranio zu einem Wortwitz, indem er dem Theopr. zuraunt: audin „fuerant" dicere? vix videtur continere lacrumas. Die Zweideutigkeit des fuerant giebt ihm Gelegenheit, dies als „sie waren gewesen" aufzufassen, d. h. er besaſs und besitzt sie nicht mehr, und darum stehen ihm fast die Thränen in den Augen. Diese Zweideutigkeit war nun auch offenbar die Ursache, daſs die klassische Sprache, und als ihr Vorläufer Varro, das verschobene fueram (fui, fuero) beseitigte und diese Formen nur da zuliefs, wo sie im bestimmten Unterschied von eram dazu dienten, den Gedanken genauer, logischer auszuprägen. So wird denn, während Plautus und Terenz eram und fueram gleich oft neben dem Partic. Perf. Pass. zeigen, bei Varro und Cicero das Plusq. eram fast nur, und zwar bei Cicero aufserordentlich häufig mit eram gebildet. Wenn nun doch auch bei Cicero einige Stellen sich finden, in welchen fueram von eram nicht zu unterscheiden ist, und wenn diese Stellen vorzugsweise den Briefen entstammen, in welchen wir gewohnt sind den Autor sich gleichsam im Schlafrocke bewegen zu sehen, so scheint mir der Schluſs berechtigt zu sein, daſs hier eine unbewuſste Konzession an die Volkssprache vorliegt, welche schon seit Plautus' Zeit fueram zu eram verschoben hatte.

Genau auf demselben Standpunkte wie Cicero steht auch Caesar. An sehr wenigen Stellen finden wir unlogisches Plusq. B. G. 2, 6, 4 Iccius Remus ... qui tum oppido praefuerat ... nuntium ad eum mittit. 3, 16, 2 navium quod ubique fuerat, unum in locum coëgerant; quibus amissis reliqui neque quo se reciperent, neque, quemadmodum oppida defenderent habebant. Hier ist fuerat, das verglichen mit coëgerant unlogisch ist, veranlaſst durch den schon

vorschwebenden Gedanken quibus amissis non habebant. 8, 2, 1
eique adiungit legionem XI, quae proxima fuerat. Hierzu bemerkt
Kraner: „Der Schriftsteller betrachtet die Haupthandlung (adiungit) schon als eingetreten, so daſs die nun versetzte Legion die
nächste gewesen war"; aber schon die gezwungene Übersetzung
zeigt das Ungewöhnliche des Plusq. 8, 54, 3 quintam decimam,
quam in Gallia citeriore habuerat, ex senatus consulto iubet tradi.
Erst in dem Augenblicke, wo die Übergabe vollendet ist, hat das
Plusq. seine logische Berechtigung. Es ist wohl kein Zufall, daſs
zwei von diesen Stellen dem von Hirtius redigierten Buche ange-
hören. Das Bellum civile ist ebenso reinlich. Ein einzigesmal
findet sich fuerat neben dem Partizip 1, 41, 1 pons, qui fuerat
tempestate interruptus, paene erat refectus; der Zusammenhang
aber beweist, daſs Caesar sagen will: die Brücke war unterbrochen
gewesen und war es nicht mehr.

§ 10. Rhetorisches Plusquamperfekt hauptsächlich bei den Historikern.

In vielfachem Gegensatze zu Cicero und Caesar stehen auch
im Gebrauche des Plusq. die übrigen Schriftsteller. Um nur eine
Äuſserlichkeit der Wortstellung zunächst hervorzuheben: beide
lassen bei der Bildung des Plusq. Passivi e r a m dem Partizip meist
vorangehen, während Sallust, Livius, Valerius Maximus, Velleius,
Curtius, Tacitus es meist nachstellen. Schon oben hatten wir betont, daſs, was Dräger p. 259 ff. unter der Überschrift „Plusq.
statt des Perf." bringt, durchaus nicht unter die Rubrik des verschobenen Plusq. fällt, sondern durchweg regelrechte Verwendung
desselben seiner ursprünglichen Bedeutung nach ist. Dies gilt
auch für einen hauptsächlich den Historikern eigentümlichen Gebrauch. Schon bei Plautus und Terenz hatten wir eine spärliche
Auswahl solcher Plusquamperfekte gefunden, die nicht auf eine
vorher erwähnte oder zu denkende vergangene Handlung bezogen
sind, sondern vorbereitend auf ein folgendes Präteritum gesetzt
sind. Sie spannen also die Erwartung und kamen als solche dem
Historiker sehr gelegen, um Abwechselung in die eintönige Auf-
einanderfolge der Perfekte zu bringen. C a e s a r hat dies Plusq.
oft z. B. B. G. 7, 39, 1, aber nie auffällig, indem das Plusq. der
Regel nach am Beginn eines Abschnittes vorbereitend auf die
Haupterzählung gesetzt wird. Bei S a l l u s t aber und erst recht

bei Späteren — Curtius, Ammian — wechselt das Plusq.
mitten in der Erzählung oft mit dem Perfekt oder einem anderen
Präteritum ab. Vgl. Sallust Cat. 18, 6: Catilina et Antonius . .
parabant .. Ea re cognita rursus in Nonas Februarias consilium
transtulerant. Iam tum non consulibus modo, sed plerisque
senatoribus perniciem machinabantur 24, 2 igitur comitiis habitis
consules declarantur M. Tullius et C. Antonius. Quod factum
primo popularis coniurationis concusserat. neque tamen Catilinae furor minuebatur 36, 5 fuere tamen cives, qui seque remque
publicam obstinatis animis perditum irent. namque duobus senati
decretis ex tanta multitudine neque praemio inductus coniurationem
patefecerat neque ex castris Catilinae quisquam omnium discesserat: tanta vis morbi ac veluti tabes plerosque civium animos invaserat. neque solum illis aliena mens erat 50, 4 sed eos
paulo ante frequens senatus indicaverat contra rem publicam
fecisse. tum D. Iunius Silanus, primus sententiam rogatus, quod eo
tempore consul designatus erat, de eis, qui in custodiis tenebantur,
et praeterea de L. Cassio P. Furio P. Umbreno Q. Annio, si de-
prehensi forent, supplicium sumundum decreverat; isque postea
... dixerat.. sed Caesar, ubi ad eum ventum est, rogatus sententiam a consule huiuscemodi verba locutus est; 56, 2 vorbereitend auf das Perf.; Jug. 57, 6 vorher Inf. hist., folgt Impf.;
64, 4 vorher Impf., folgt Inf. hist.; 72, 1 vorher und nachher Perf.;
ich füge hinzu Jug. 88, 3 vorher mehrmals Inf. hist.: itaque et
Gaetulos et Iugurtham ex sociis nostris praedas agentis saepe
adgressus in itinere fuderat, ipsumque regem haud procul ab
oppido Cirta armis exuerat. quae postquam gloriosa modo neque
belli patrandi cognovit, statuit . . .
 Richtig erklärt dies historische Plusq. Schmalz zu Catil. 18, 6:
Der Schriftsteller hat schon das Folgende im Auge, und von dem
Standpunkte des nachher Erzählten ist allerdings die in transtulerant liegende Handlung früher vergangen. Madvig § 338 spricht
von Plusquamperfekten, die „ungenau statt des Perfekts in der Erzählung durch eine anticipierende Beziehung auf einen folgenden
Hauptpunkt der Begebenheit oder auf das endliche Resultat gesetzt"
sind, was mit Ausnahme der Worte „ungenau statt des Perf."
durchaus richtig ist. Ungenau ist das Plusq. nicht, sondern nur
oft ungewöhnlich gebraucht, und so werden wir es wohl am besten
als rhetorisches Plusquamperfektum bezeichnen. Andere nennen es
Plusq. der Schnelligkeit, so Zumpt § 508, Kühner Ausf. Gr. § 35, 3:

„indem die Handlung als bereits geschehen ausgedrückt wird, durch einen zu ergänzenden Zwischengedanken, wie: ehe man es erwarten konnte, schneller, als man hätte denken sollen". Diese Erklärung ist falsch, weil sie nur auf einen geringen Bruchteil gleichartiger Beispiele mit einem Schein von Berechtigung angewandt werden könnte, und weil eine solche Modalität durch Verbalformen überhaupt nicht ausgedrückt werden kann.

Ich verfolge jetzt dieses rhetor. Plusq. bei den folgenden Autoren, namentlich den Historikern. Sehr ungewöhnlich ist schon B. Alex. 26, 3 inde re bene gesta Alexandriam et Caesarem contendit, omnesque eas regiones, per quas iter faciebat, auctoritate ea, quae plerumque adest victori, pacarat atque in amicitiam Caesaris redegerat. Dies ist der Schlufs des Kapitels; es folgt am Anfang des folgenden erst eine Beschreibung: locus est fere etc. und dann erst das Präteritum, auf welches die Plusquamperfekte hinweisen, mit: cui loco cum appropinquare Mithridatem rex cognovisset. Auch Petron (Büchcler[3]) schreibt es p. 68, 25 mulier lacerata ulterius excanduit et „si quis deus manibus meis, inquit, Gitona imponeret, quam bene exulem exciperem". uterque nostrum tam inexspectato ictus sono amiserat sanguinem. ego . . vocem collegi. Oft bei Livius; von Drägers Beispielen gehört allerdings nur hierher 24, 32, 9 Hippocraten atque Epicyden creant praetores Syracusaeque, cum breve tempus libertas adfulsisset, in antiquam servitutem reciderant. Dies am Schlufs des Kapitels; es folgt haec mandata cum essent Romanis. Kühnast a. a. O. p. 213 giebt mehr Beispiele und spricht richtig von dem blofs rhetorischen Gebrauch des Tempus, macht aber denselben Fehler wie Madvig, indem er meint, es werde eine Handlung als vollendet dargestellt, deren Eintritt zunächst ausgedrückt werden mufste. Solche Stellen sind z. B. noch 4, 28, 1 u. 2 etiam luciscebat, omniaque sub oculis erant. et Fabius cum equitatu impetum dederat, et consul eruptionem e castris in trepidos iam hostes fecerat; dictator autem, parte altera subsidia et secundam aciem adortus, circumagenti se . . . hosti undique obiecerat victorem peditem equitemque. circumventi igitur . . poenas dedissent, ni; 6, 38, 9 incusserat; 7, 25, 10 redierant; 23, 11, 7 venerat; 32, 12, 3 verterat etc. etc. Wenig auffallend gebraucht dieses Plusq. Valerius Maximus. Z. B. 2, 5, 1 C. Lutatius consul et Q. Valerius praetor circa Siciliam insignem Poenorum classem deleverant. quo nomine Lutatio consuli triumphum senatus decrevit.

Für Vergil kann ich dem trefflichen Programm von Ley[1])
folgen. Sehr häufig ist bei ihm und jedenfalls den übrigen
Dichtern auch das formelhafte dixerat, fatus erat auf ein folgendes
Perfekt bezogen (Ley p. 20. 3 a), z. B. Aen. 2, 621 dixerat et spissis
se condidit umbris; 2, 692. 3, 90 etc. etc., doch durchaus nicht
auf diese Verba beschränkt. Ferner neben dem Präsens (Ley
p. 20. 3 b) 1, 586 vix ea fatus erat, cum . ., sehr häufig ohne
Konjunktion wie 12, 431 ille avidus pugnae suras incluserat auro . .
oditque moras hastamque coruscat, wo nach den meisten Heraus-
gebern wieder die Schnelligkeit bezeichnet sein soll, wie nach
Ladewig auch 8, 219. Ohne dies ganz zu leugnen, entgegnet jedoch
Ley mit Recht, dafs die Zahl der Stellen, wo diese Erklärung un-
möglich ist, bei weitem überwiegt. Auch ein Imperfekt kann folgen,
wo der Gedanke es erfordert, z. B. 3, 607 : dixerat et genua am-
plexus genibusque volutans haerebat. Ungewöhnlich gebraucht
Vergil zuweilen 2 Plusquamperfekte nebeneinander, wo man statt
des einen ein Partizip erwartet, wie 4, 264 und 11, 75: dives quae
munera Dido fecerat et tenui telas discreverat auro = fecerat
discernens. Keine verschiedene Verwendung des Plusq. ist es,
wenn im 8. Buche dasselbe als Einleitung zu jedem neuen durch
Imperfekte geschilderten Bilde gebraucht wird; vgl. v. 625. 630.
637 etc. Beispiele aus Seneca Rhetor sind schon gelegentlich
angeführt worden.

In ausgedehntem Mafse bedient sich des rhet. Plusq. wieder
Curtius, wie Vogel, Einleitung § 102, sich ausdrückt, so „dafs
mit einem Sprunge, bzw. einer Pause in der Erzählung eine Handlung als vollendet dargestellt wird, deren Eintritt zunächst ausgedrückt werden mufste". Vgl. 3, 3, 18 pallam auro distinctam
aurei accipitres, velut rostris inter se concurrerent, adornabant. et
zona aurea muliebriter cinctus acinacem suspenderat, cui ex gemma
vagina erat: dazu die Anmerkung: rhet. Plusq., durch welches das
Zuständliche als entstehend dargestellt wird (= suspensum habebat); 4, 9, 5 ex summo temone hastae praefixae ferro eminebant,
utrimque a jugo ternos direxerant gladios; 9, 1, 29 vestis erat
auro purpuraque distincta, quae etiam crura velabat: aureis soleis
inseruerat gemmas, lacerti quoque et brachia margaritis ornata
erant und so oft abwechselnd mit dem Imperfektum in Schilderungen.
Aber auch unter Perfekten vorbereitend auf ein solches, z. B.: 3, 7, 7

---

[1]) J. Ley, Virgilianarum quaestionum specimen prius de temporum usu.
Saarbrücken 1877.

ceperat . inde . . venit; 3, 7, 11 erat . . mutaverat — habebatur .
huic epistolam tradidit; 4, 1, 40 commoverat — moliebatur —
occupabantur . fuere; 3, 13, 4 ille e manibus custodieutium lapsus
Damascum ante lucem intrat . turbaverat ea res Parmenionis
animum insidias timentis et ignotum iter sine duce non audebat
ingredi . felicitati tamen regis sui confisus agrestes, qui duces
itineris essent, excipi iussit.
Für Tacitus benutze ich die Sammlung von Dräger p. 260.
Es steht h. 2, 5 zwischen Imperfekten: ceterum hic Suriae, ille
Judaeae praepositus, vicinis provinciarum administrationibus invidia
discordes, exitu demum Neronis positis odiis in medium consuluere,
primum per amicos, dein praecipua concordiae fides Titus prava
certamina communi utilitate aboleverat, natura atque arte com-
positus adliciendis etiam Muciani moribus . tribuni . . per virtutes
per voluptates ... adsciscebantur. Doch ist hier aboleverat auch
dem consuluere vorgängig gedacht. Heräus' Übersetzung „hatte
im Nu beseitigt“ zeigt seine Abhängigkeit von der falschen Theorie
des Plusq. celeritatis. 2, 73 erat tamen in ore famaque Vespasianus
ac plerumque ad nomen eius Vitellius excitabatur: tum ipse exer-
citusque ut nullo aemulo saevitia libidine raptu in externos mores
proruperant. At Vespasianus . . circumspectabat: 3, 51 nec illis
aut honorare eam caedem ius hominum aut ulcisci ratio belli
permittebat . distulerant tamen maiora meritum, quam quae statim
exsolverentur; nec quicquam ultro traditur. ceterum et prioribus
civium bellis par scelus inciderat. Das letzte Plusq. ist leicht
verständlich, um so weniger aber das erste, da keine Beziehung
auf ein folgendes Präteritum zu entdecken ist; und so kann man
nur psychologisch erklären, dafs dem Geschichtschreiber ein Präteritum unbewufst vorschwebte, auf welches das Plusq. zu beziehen
ist, etwa: Hingehalten hatten sie ihn, als habe er mehr verdient,
als auf der Stelle ihm vergolten werden könne: aber er hat keine
Belohnung weiter erhalten. 5, 20 quibus obvenerant castra decumanorum, obpugnationem legionis arduam rati egressum militem
et caedendis materiis operatum turbavere, occiso praefecto castro-
rum et quinque primoribus centurionum paucisque militibus: ceteri
se munimentis defenderant (andere: defendere) . interim Germa-
norum manus Batavoduri interrumpere inchoatum pontem nite-
bantur: ambiguum proelium nox diremit. Hier ist Beziehung auf
das folgende vorhanden, wie auch ann. 1, 63 auxerant, 14, 37
auxerant, 14, 51 imposuerat.

Natürlich bedient sich auch A p u l e j u s des rhet. Plusq. mit
Vorliebe. Dräger erwähnt 2 Stellen: met. 2, 9 uberes enim crines
nodus adstrinxerat und 8, 30 accingunt se meo funeri deaque ..
sublata me renudatum et de quadam quercu destinatum flagro
illo pecuinis ossibus catenato verberantes paene ad extremum con-
fecerant. fuit unus ... Charakteristisch für Apulejus ist folgende
an den dichterischen Gebrauch des dixerat erinnernde Verbindung:
2, 11 commodum meridies accesserat et mittit mihi; 2, 16 commodum cubueram et ecce Fotis mea iam domina cubitum reddita
proximat; 1, 5 ergo igitur ... ad balneas processeram. ecce Socra-
tem contubernalem meum aspicio; vgl. 1, 18 und 1, 19 Rein
rhetorisch 5, 4 plus timet quod ignorat . iamque aderat ignobilis
maritus et torum inscenderat et uxorem sibi Psychen fecerat et
ante lucis exortum propere discesserat . statim voces cubiculo prae-
stolatae novam nuptam interfectae virginitatis curant; 6, 8 ad
hunc modum pronuntiante Mercurio tanti praemii cupido certatim
omnium mortalium studium adrexerat . quae res nunc vel maxime
sustulit Psyches omnem cunctationem; Apol. p. 84, 4 persuaserat;
p. 104, 17 venerat et postularat. Für die S c r i p t o r e s H i s t.
A u g. verweise ich nur auf 7, 15, 6 und 23, 4, 6 his coactus malis
Gallienus ... rem modo feliciter modo infeliciter gerit . accesserat
praeterea his malis, quod Scythae Bithyniam invaserant civitatesque
deleverant . denique .. vastaverunt. Von A m m i a n u s M a r c e l l i n u s
urteilt H a s s e n s t e i n[1]) p. 51, dafs er solche Plusquamperfekte,
die ihm mit Dräger an Stelle des Perfekts zu stehen scheinen,
weit häufiger als die übrigen Historiker gebrauche. Vielleicht
hat er in Curtius einen Konkurrenten. Jedenfalls verwendet er
es mit gröfserer Kühnheit, als irgend einer der Vorgänger. Man
vergleiche nur 14, 5, 6 unde admissum est facinus impium, quod
Constanti tempus nota inusserat sempiterna. Martinus agens illas
provincias pro praefectis aerumnas innocentium graviter gemens
saepeque obsecrans, ut ab omni culpa inmunibus parceretur, cum
non impetraret, minabatur se discessurum. Das Plusq. ist keineswegs, wie man nach klassischem Sprachgebrauch erwarten sollte,
in Beziehung zu dem regierenden admissum est gesetzt; damit
verglichen würde es durchaus unpassend erscheinen. Es dient
vielmehr, wie in Hauptsätzen, zur Vorbereitung auf das folgende
minabatur; genau so ist es verwendet 16, 8, 8 tunc illud apud

1) De syntaxi Ammiani Marc. Diss., Königsberg 1877.

Aquitanos evenit, quod latior fama vulgarat. Dann folgt die Erzählung: veterator quidam etc.; 17, 1, 2 petiturus ipse Mogontiacum, ut ponte conpacto transgressus in suis requireret barbaros, cum nullum reliquisset in nostris, refragante vetabatur exercitu: verum facundia iucunditateque sermonum allectum in voluntatem traduxerat suam . amor enim post documenta flagrantior regni libenter hortatus est omnis operae conturmalem, auctoritate magnificum ducem; 19, 1, 6 eruendae urbis apparatu nisibus magnis instabat et — petitione placatus . . . super deditione moneri decreverat defensores . ideoque, cum prima luce advenisset . . . tendebat. 16, 5, 12. 19, 2, 1. 20, 11, 11 u. sehr oft. Dafs S. Aurelius Victor dies Plusq. gebraucht, habe ich mir angemerkt, ohne Stellen auszuschreiben.

Überhaupt habe ich bei Späteren diesen Gebrauch nicht beachtet und begnüge mich noch einige Stellen anzuführen. Paneg. latt. ed. Bährens p. 194 Alpes transgressus es, ut appareret penitus considerantibus . . . non dubiam te, sed promissam divinitus petere victoriam . duxerat magnum Severus exercitum: at hostem suum perfidia desertus armaverat. Maiores postea copias Maximianus admoverat: at et ipse transfugis circumcisus videbatur prospere refugisse. Ipse denique qui pater illius credebatur disscissam ab umeris purpuram detrahere conatus senserat in illud dedecus sua fata transisse etc., alles zuständliche Plusq. mit Beziehung auf 195, 15 (haec omnia cum cogitares . . .) dic, quaeso, quid in consilio nisi divinum numen habuisti? Mart. Capella p. 197, 21 tellus quae rapidum consistens suspicit orbem, puncti instar medio haeserat ima loco; ib. v. 26 texerat exterior qui fulget circulus orbis aetheris astrifico lumina multa peplo und p. 198, 3; p. 340, 19 verum ille orbis non chelys nec barbiton nec tetrachordon apparebat sed ignota rotunditas omnium melodias transcenderat organorum . denique vix ingressa atque eiusdem orbis sonuere concentus.

§ 11. Verschobenes Plusquamperfekt von der klassischen Zeit bis zum 4. Jahrhundert.

Wir kehren zur Betrachtung des verschobenen Plusq. zurück, welches wir zuerst bei fueram, bei den Verben des Könnens und Müssens, dann auch schon bei habueram kennen gelernt haben. Wir werden zuerst die genannten Verschiebungen, dann in folgenden Abschnitten fuerat neben den Partizipien und das Plusq. im

Nachsatz des Bedingungssatzes oder ohne ausgesprochene Bedingung konditional gesetzt, endlich etwaige sonstige Verschiebungen verfolgen. Verschobenes **fuerat** begegnet bei Sallust Jug. 41, 5 ita omnia in duas partis abstracta sunt, res publica, quae media fuerat, dilacerata; 50, 6 ita numero priores, si ab persequendo hostis deterrere nequiverant, disiectos ab tergo aut lateribus circumveniebant, sin oportunior fugae collis quam campi fuerat, ea vero consueti Numidarum equi facile inter virgulta evadere; 39, 3 senatus ita uti par fuerat decernit. Selten noch sind solche Plusq. im **Bellum Alex.** 57, 1 Titius qui eo tempore tribunus militum in legione vernacula fuerat; ib. duas cohortes legionis quintae, quae fuerant Cordubae idem facere. Auch für Verschiebung von habere scheint ein Beispiel vorzuliegen 10, 4 omnes naves, quas paratas habuerant ad navigandum, propugnatoribus instruxerunt. Sehr häufig aber tritt die Verschiebung im **Bellum Afric.** auf[1]). Fuerat 31, 1 equitibus, qui in statione fuerant, praecipit; 44, 1. 76, 2. 88, 3. 89, 2; habuerat 23, 1 expeditoque exercitu, numero servorum, liberorum, duorum milium, cuius partem inermem, partem armatam habuerat, ad oppidum Ascurum accedere coepit; 34, 4. 43. 75, 3. 89, 1. Dagegen ist 76, 2 redit ad ea castra, quae ad Agar habuerat richtig, da er nach c. 75, 3 von Agar aufgebrochen war und mehrere andere Lager inzwischen bezogen hatte. Alle diese Beispiele stehen in Relativsätzen. Da der Auctor des B. Hisp.[2]) häufig falsch Konj. Plusq. für Indik. Plusq. setzt, so sind Beispiele für verschobenen Indikativ nicht gerade häufig. 13, 8 qua (ballista) adversariorum, qui in ea turre fuerant, quinque deiecti sunt; 16, 2. 40, 7; habuerat 14, 2, alles ebenfalls in Relativsätzen.

Bei **Livius** Buch 7—10 und in der dritten Dekade findet sich folgendes: 22, 56, 4 quia nec lugentibus id facere est fas, nec ulla in illa tempestate matrona expers luctus fuerat; 25, 6, 15 nunc deteriore condicione sumus quam apud patres nostros fuerant captivi; 25, 36, 7 cumulo sarcinarum omnis generis obiecto, ubi ad moliendum clitellae defuerant; 30, 30, 6 optimum quidem fuerat. Nicht ganz genau ist die Zeitgebung auch 26, 1, 5 prae-

---

[1]) Vgl. A. Köhler, de auctt. B. Afr. et B. Hisp. latinitate. Erlangen 1877. p. 52.

[2]) Vgl. Köhler a. a. O. u. Degenhart, de auct. B. Hisp. elocutione et fide historica. Würzburg 1877.

toribus prioris anni cum binis legionibus, quas habuerant, prorogatum est imperium, obwohl aus der Vergleichung von 26, 28, 9 Cn. Fulvio consuli superioris anni . . . nec de exercitu, quem habuerat, quicquam mutatum; tantum in annum prorogatum imperium est hervorgeht, dafs dies heifsen soll: welches er im vorigen Jahre gehabt hatte; und so ist auch wohl zu erklären 27, 22, 10 de duabus, quae ad urbem Romam fuerant, legionibus nihil mutatum. Conditional verschoben ist auch 22, 60, 25 cum in acie stare ac pugnare decuerat, tum in castra refugerunt (vgl. 4, 51, 5 aptissimum tempus fuerat, 5, 33, 1 capi non potuerat, 38, 49, 12 merueram, 45, 40, 8 oportuerat), doch 3, 22, 8 eques, cui superare vallum haud facile fuerat ist nicht konditional, wie Weifsenborn und Müller meinen, sondern der Zusammenhang lehrt, dafs es für difficile fuerat = „zu schwer gewesen war" gesetzt ist; dagegen 26, 14, 3 quantum facere potuerant alienatis mentibus vino . . . venenum sumpserunt kann durch Beziehung auf alienatis mentibus erklärt werden, nicht aber 39, 31, 12 deinde, ut quaeque potuerant, copiae adfluebant. Nicht in den Bereich dieser Verschiebung scheinen mir dagegen obvius fuerat und superfuerat zu fallen. Ersteres schliefst sich seiner Bedeutung nach an an obvius venerat und letzteres an ein Verbum, das übrig bleiben bedeutet (vgl. Madvig, Lat. Sprachlehre § 338, A. 6). Hier nehme ich also Bedeutungsübertragung an. Für ersteres citiere ich 21, 39, 9 quod relictus in Gallia obvius fuerat in Italiam transgresso Hannibali; Val. Max. 1, 7 ext. 1 serpentem quidquid obvium fuerat proterentem; Plin. ep. 3, 12, 3 quibus obvius fuerat; letzteres ist sehr häufig; zuerst habe ich es aufgezeichnet bei Cic. off. 2, 1, 4 tantum erat philosophiae loci, quantum superfuerat amicorum et reipublicae temporibus; Liv. 21, 58, 11 elephanti quoque ex iis, qui proelio ad Trebiam facto superfuerant, septem absumpti; 22, 2, 10 qui unus superfuerat; Val. Max. 3, 2 ext. 6; Curt. 4, 1, 4; Tac. h. 4, 60; Scr. H. A. 25, 9, 7. 26, 33, 5. 28, 13, 2; Amm. Marc. 29, 2, 20; Oros. 1, 15, 2. 4, 6, 7 u. 12. 4, 15, 3. 5, 23, 7. 7, 7, 7.

Dagegen wimmeln bei dem Baumeister Vitruvius die falschen Plusquamperfekte fueram und habueram, jenes z. B. p. 1, 16 ideo quod primum parenti tuo de eo fueram notus; 31, 15 fuerat enim amplissima statura; 176, 9 quae fuerat optima Attica ideo nunc habetur; 184, 1. 203, 14 necesse fuerat; 221. 23. 227, 13. 250, 4. 251, 20. 278, 4 etc. etc.; dieses p. 273, 12 ideo autem, quod tardos conatus habuerat, testudinem arietariam appellare coepit; 274, 10 habuerat autem intervallum cubitorum XXX; 277, 24 basis eius habuerat rotas VIII; 278, 2 eae in arbusculis, sive amaxopodes dicuntur, habuerant versationes; 278, 24. 279, 2. 12 etc. Einiges hierüber hat E b e r h a r d[1]) gesammelt in 2 Programmen, von denen mir nur das letzte zu Gesicht gekommen ist. In der Anzeige des ersteren, Archiv f. lat. Lexikogr. u. Gr. V, p. 597, sagt P r a u n: Die Verwendung des Ind. Plusq. statt des Ind. Impf. oder Perf. . . . geht auf die Konversationssprache zurück; Vitruv verwandte die Konstruktion, die so ganz dem Stelzengange seiner Darstellung angemessen ist, mit sichtlicher Vorliebe und gebrauchte sie zumal im letzten Buche bis zum Überdrufs. So richtig die Darstellung des Thatbestandes hier ist, so ist doch die Erklärung verunglückt; denn Stelzengang und Konversationssprache passen doch nicht zusammen. Richtig erklärt Eberhard im 2. Programm p. 10 mit S c h m a l z, Nichtcic. Briefe p. 97, diesen Gebrauch für vulgär. Die vulgäre Unterströmung, die in der Sprache der Klassiker sich kaum hervorwagte, tritt hier mächtig heraus. Von den augusteischen Dichtern liegen mir keine vollständigen Sammlungen vor.

Aus V e r g i l ist zu merken Aen. 10, 613 si mihi, quae quondam fuerat quamque esse decebat, vis in amore foret und 11, 115 aequius fuerat. Öfter schreiben es die E l e g i k e r (vgl. Hertzberg zu Properz 1, 11, 29 Band III p. 43 f., der die ursprüngliche Bedeutung des Stammes fu = werden hierfür verantwortlich macht, während Dräger richtig bemerkt, dafs das Bedürfnis des Verses wohl gelegentlich die Wahl dieser Formen veranlafste. P r o p e r z (Citate nach Müller) 1, 12, 11 non sum ego, qui fueram; 1, 11, 29 litora quae fuerant castis inimica puellis; 2, 3, 34 pulchrius hac fuerat, Troia, perire tibi; 2, 6, 3 turba Menandreae fuerat nec Thaidos olim tanta; 3, 27, 7 sed nudi fuerant schreibt Müller fuerunt; 4, 7, 1 dulcis ad hesternas fuerat mihi rixa lucernas; 4, 12, 38 nec fuerat nudas poena videre deas; hier seien auch gleich erwähnt 1, 16, 1 quae fueram magnis olim patefacta triumphis, ianua und 4, 24, 11 forsitan haec illis fuerant (Müller: fuerint) mandata tabellis. O v i d ars am. 1, 103 tunc neque marmoreo pendebant vela theatro, nec fuerant liquido pulpita rubra croco; trist. 3, 11, 25 non sum ego quod fueram; fast 2, 434

---

1) De Vitruvii genere dicendi. a) Pforzheim 1887. b) Durlach 1888.

utilius fuerat non habuisse nurus; am. 3, 8, 3 ingenium quondam fuerat pretiosius auro, at nunc barbariast grandis, habere nihil und öfter.

Aus Nepos verzeichnet Lupus nichts Hierhergehöriges, aber Haase zu Reisig A. 456 führt an Them. 8, 3 ad Admetum, Molossum regem, cum quo ei hospitium fuerat, confugit, wo Neuere non erat schreiben, und Att. 7, 1 quae amicis suis opus fuerant ad Pompeium proficiscentibus, omnia ex sua re familiari dedit. Seneca Rhet. liefert p. 183, 12 non est fortunae meae rogare; nunc ego rogari debueram, qui periclitor; 364, 6 revertere ad parentes, puella, quoniam quidem totiens iam rogas, quae rogari ipsa debueras. Vellejus Paterculus 2, 50, 1 Domitio legionibusque Corfinii, quae una cum eo fuerant, potitus; 2, 72, 4 Statius Murcus, qui classi et custodiae maris praefuerat, cum omni commissa sibi parte exercitus naviumque Sex. Pompeium . . . petiit. Dreimal debueram im Relativsatz 2, 21, 4 populusque Romanus, quam vivo iracundiam debuerat, in corpus mortui contulit; 2, 35, 5 quippe fortissime dimicans, quem spiritum supplicio debuerat, proelio reddidit; 2, 85, 3 imperator, qui in desertores saevire debuerat, desertor exercitus sui factus est; dann folgt aber nach einem Zwischensatze gleich Caesar, quos ferro poterat interimere, verbis mulcere cupiens; 2, 94, 2 iuvenis . . . instructissimus, qui protinus quantus est, sperari potuerat visuque praetulerat principem, . . . capessere coepit rem publicam. Val. Max. ist frei. Aus Seneca phil. sind zu notieren nat. quaest. 3, 27, 10 quod olim fuerat nubilum, nox est; 7, 22, 1 intra exiguum momentum in alium quam fuerat statum vertitur; ep. 15, 2 (94) 57 nec erubescimus summa apud nos haberi, quae fuerant ima terrarum; 18, 1 (104) 33 inopiam humoris loricatus tulit et, quotiens aquae fuerat occasio, novissimus bibit; 19, 5 (114) 4 magni vir ingenii fuerat (wäre gewesen), si illud egisset via rectiore; dial. 9, 8, 6 numerus illi cotidie servorum velut imperatori exercitus referebatur, cui iam dudum divitiae esse debuerant duo vicarii et cella laxior; ep. 20, 5 (112) 8 debuerat; 16, 4 (99) 16 tunc capiti suo manus ingerunt, quod potuerant facere nullo prohibente liberius. Curtius 4, 10, 29 sed finge iustum intulisse te bellum, cum feminis ergo agere debueras? 7, 2, 6 lacrimare debueras, cum equo calcaria subderes. Columella hat in 5 Büchern nur ein Beispiel: 5, 9, 7 ut eos ignis putres faciat, quos sol et pruina facere debuerat. Tacitus: hist. 4, 65 si qui ex Italia aut pro-

vinciis alienigenae in finibus nostris fuerant, eos bellum absumpsit;
ann. 3, 74 nec ut mos fuerat, acta aestate retrahit copias; Germ.
21 cum defecere, qui modo hospes fuerat, monstrator hospitii et
comes; ann. 13, 36 et damno eius exterriti qui subsidium ferre
debuerant, sua quisque in castra trepida fuga rediere. Weder bei
Quintilian Buch 1—10, noch bei Sueton findet sich etwas
Auffallendes, während Plinius nur ep. 2, 11, 24 placuit censente
Cornuto referri de eo proximo senatu: tunc enim, casu an conscientia, afuerat schreibt, was vielleicht ähnlich wie oben superfuerat zu deuten ist. Fronto hat kein falsches fuerat, er sagt
regelmäfsig par erat, fas erat, ut decuit; nur p. 15, 14 ist ubi est
adversarius, qui iampridem ad agendam causam adesse debuerat
anzumerken. Auch bei Gellius ist nichts Derartiges zu finden,
aufser einer Auseinandersetzung des Antonius Julianus, der 1, 4, 7
atque ideo consequens quidem fuerat dicere sagt, man müfste
denn noch hierher ziehen 4, 6, 8 siqui ... aliter eam rem, quam
oportuerat, procuraverant. Aus Apulejus weifs ich nur anzuführen Met. 10, 18 sed prius est, ut vobis, quod initio facere debueram, vel nunc saltem referam, sonst nichts.

Mit Tertullian aber gewinnen die falschen fuerat, debuerat, oportuerat etc. Bürgerrecht, sie treten nun in Menge
auf. Immer wieder kehrt nun bei den christlichen Schriftstellern
der Satz: desinunt esse quod fuerant oder incipiunt odisse quod
fuerant et profiteri quod oderant u. ä., was man durch ein dem
Gedanken vorschwebendes Präteritum, etwa „bevor sie sich be-
kehrten", zu erläutern versuchen würde, wenn nicht die Zahl der
unbestreitbaren Verschiebungen und das Nebeneinander von fuerat
und erat darüber belehrte, dafs hier auch Verschiebung vorliegt.
Ich vermeide es, Tertullian zu citieren, weil dies zu unbequem ist,
so lange die neue Ausgabe noch nicht vollständig ist, und wende
mich Cyprian zu, bei dem wir trotz der gröfseren Glätte seines
Stils einer reichlichen Anzahl von verschobenen Plusquamperfekten
begegnen, z. B. p. 582, 7 (Hartel) quia nec fas fuerat nec decebat
sine honore ecclesiastico esse quem sic Dominus honoravit; 642, 9
qui .. quod prius fuerat, amisit; 661, 21 Christi nativitas a mar-
tyriis infantium statim coepit, ut ob nomen eius a bimatu et infra
qui fuerant necarentur; 685, 17 peiores exstiterant quam prius
fuerant; 726, 13 animadverto eundem te adhuc esse, qui prius
fueras; 773, 1 ut, quia ovis iam fuerat, hanc ovem abigeatam et
errabundam in ovile suum pastor recipiat; 776, 4 praecepisse, ut

baptizarentur, idem illi, qui iam fuerant sancto spiritu pleni; 783, 11 aut neutrum eorum, qui foris fuerat, accepit; 794, 21. 811, 21. Composita p. 598, 1 quos ad te nuper et coëpiscopos nostros, qui ordinationi tuae adfuerant, legatos miseramus, vgl. p. 610, 7 im Brief des Cornelius; p. 835, 20 (Brief der fratres) quod distribuendum misisti, quaecumque necessitatibus corporum defuerant, expedivi. Debueram 496, 10. 514, 22. 522, 14. 780, 1. Natürlich begegnet die Verschiebung ebenso häufig in den dem Cyprian fälschlich zugeschriebenen Schriften, z. B. p. 17, 4 ut in unum redeat, quod unum fuerat; 20, 6 nocentes dantur in manu eius, quia ipse innocens fuerat; 20, 9. 41, 10 nefas fuerat 44, 10 incongruens fuerat 55, 3. 88, 23. 100, 8. 275, 16 fuerat necessarium 281, 6 fuerat criminosum. Sehr häufig auch bei Arnobius; p. 29, 15 fecisse quod . . . dignum deo fuerat vero 43, 20 qui extrahebat ab tumulis mortuos, huic arduum fuerat letum cui vellet indicere? 79, 10. 79, 16. 80, 5. 81, 6. 104, 10. 123, 14 quanto fuerat rectius 143, 24. 149, 5 nonne illi fuerat satis etc. etc.; auch einmal falsches habuerat p. 69, 3 quam nuper habuerat, imperitiam ponit. Debueram u. ähnl.: 71, 20. 83, 14 u. 22. 185, 14. 282, 26 gleich darauf debuit. Seltener weicht Lactantius vom klassischen Brauche ab, wie 2, 12, 16 ut ex arbore una, quae fuerat in medio Paradiso, non gustaret; 4, 26 imago fuerat rerum futurarum; 4, 1 sicuti fuerat necesse 4, 13 quid fuerat necesse 6, 7 u. 6, 18 opus fuerat; 5, 43 intelligere debuerant.

Mit den Scriptores H. A. kehren wir wieder auf italischen Boden zurück. Fueram steht falsch 16, 7, 1 gloriatur . . . non tam se ad imperium pervenisse, qui esset secundus imperii, quam quod Antoniniani nominis esset pater factus, quo clarior honor illis temporibus non fuerat vel deorum; 29, 11, 2 veniam esse pollicitum, sed milites, qui cum eo fuerant, non credidisse; habueram: 17, 31, 2 habuerat praeterea facultates a multis dimissas gratia patris; 20, 15, 2 filium summo iam natu grandiorem, quadraginta et sex annos agentem, quem tunc legati loco, ut diximus, habuerat, contra . . . misit; 26, 36, 4 incidit autem, ut se res fataliter agunt, ut Mnesteum quendam, quem pro notario secretorum habuerat, libertum, ut quidam dicunt, suum, infensiorem sibi minando redderet; 27, 10, 5 possessiones, quas in Mauritania habuit, sartis tectis Capitolii deputavit. Argentum mensale, quod privatus habuerat, ministeriis conviviorum, quae in templis fierent, dedicavit; debuerat 9, 9, 4. 10, 1, 7.

§ 12. Verschobenes Plusquamperfekt vom 4. Jahrhundert an.

Für die folgenden Zeiten begnüge ich mich mit einer Auswahl von Autoren, Beispielen und kurzen Angaben, indem ich nach den Landschaften Afrika, Gallien, Italien ordne. Am meisten ist das falsche Plusq. in Afrika verbreitet. Zwar Augustinus scheint den Solözismus zu vermeiden, denn trotz reichlicher Lektüre habe ich nur das bekannte desinunt esse quod fuerant et incipiunt esse quod non erant aus conf. 12, 6, 2 und 13, 6 das zweimalige quae causa fuerat zu vermerken. Dagegen liefert Optatus von Milevi die charakteristischsten Belege z. B. p. 20, 22 (Ziwsa) interea ad basilicam, ubi cum Caeciliano tota civica frequentia fuerat, nullus de supradictis accessit; 50, 15 hoc eodem tempore ... in ecclesia nulla fuerant scismata nec paganis licebat exercere sacrilegia; p. 58, 16 perfecti enim fuerant illi ... qui in eius nomine fuerant ordinati; 70, 11 in cuius vertice est non magna planities, in quo fuerant septem synagogae; 72, 2 Africa, in qua sola, cum sufficerent templa dei, quae fuerant, alia facere voluerunt und so sehr häufig; ebenso debueram z. B. p. 54, 16 cum pro tuis erubescere debueras, catholicos innocentes accusas; 74, 1. 77, 12. 87, 1 etc. Noch freier springt Lucifer von Calaris mit den Tempora und Modi um. Von ihm sagt W. v. Hartel, Archiv f. l. Lex. u. Gr. III, p. 54: „Wie das Gefühl für die schärferen Unterschiede der Modi sich abstumpfte, so vermissen wir vielfach die der klassischen Sprache eigentümliche Feinheit in der Anwendung der verschiedenen Tempora. Weniger tritt dies in Hauptsätzen hervor, obwohl immerhin einiges beachtenswert ist, wie die Vorliebe für das Plusq. in der unzähligemal sich wiederholenden Frage quomodo potueramus (istam tuam implere voluntatem 4, 31, simul esse Christiani et Arriani 5, 3)? oder quomodo convenire potuerat 14, 27, seltener quomodo poterat convenire 5, 20. 17, 5 ..." Um das Bild zu vervollständigen, greife ich aus meinen Sammlungen die verschobenen Plusquamperfekte von etwa 20 Seiten der Hartelschen Ausgabe heraus: 67, 12 debueras reminisci 68, 8 numquid non licuerat deo 81, 2 talis est Georgius, qualis fuerat Arrius 82, 11 facere debueras 85, 20 ut fuerat dignum 90, 4 nos fuerat dignum 92, 8 debuerat mutari 95, 4 debuerat. Auch dem Martianus Capella ist die Verschiebung geläufig, wie p. 6, 17 (Eyssenhardt) quicquid vero terrae confine ac propinquum ramis adclinibus fuerat, gravitas

4 *

rauca quatiebat; 8, 27 alia etiam, quae fuerat ex argenti materie, praeferebat serena fulgentia; 17, 30 sed omnes circa ipsum Iovem fuerant in praesenti; 20, 10 peplum fuerat caliginosum; 20, 26 claustra fuerant Tartarea etc.; 180, 7 cum, quantum decuerat, arrideret; 333, 20 quod decuerat. Öfter finden wir die Verschiebung bei Vigilius von Thapsus c. Eut., während die Chroniken des Victor von Tunnuna und des Liberatus kaum etwas aufweisen. Bei Fulgentius Ruspensis habe ich in mehr als der Hälfte der Schriften nur folgendes gefunden: ad Tras. reg. 3, 8 ut quae nostra fuerant redderet et quae sua fuerant tribuisset; 3, 34 quia non venerat eos qui in coelo, sed eos qui fuerant in terra salvare; in der Vita Fulgentii 9 necessarius quippe fuerat und 13 ad illum Siciliae veniens locum, cui plus propinquior illa insula fuerat, ubi sanctus Rufinianus episcopus habitabat. Bekannt ist dagegen Fulgentius der Mytholog wegen seiner Mifshandlung der Tempora, manchmal auch hat Victor von Vita die Verschiebung 8, 13 (Halm) quae fuerant 12, 17 fuerat 13, 4 potuerat 22, 24 fuerat 27, 6 u. 30, 11 fuerat u. a. m. Bei Facundus von Hermiane dagegen habe ich nichts Bemerkenswertes gefunden, wohl weil er seine Schriften in Konstantinopel geschrieben hat.

Weit weniger Ausbeute gewährt Gallien, vermutlich weil die Schriftsteller zumeist zu gut gebildet waren, um dem vulgären Tempusgebrauch allzusehr zu folgen und weil nicht, wie in Afrika, der eigentümliche Charakter der nationalen Sprache der Verschiebung Vorschub leistete. Die Panegyriker und Ausonius vermeiden die Verschiebung. Aus Sulpicius Severus ist zu verzeichnen V. S. M. 11, 5 iussitque ex eo loco altare, quod ibi fuerat, submoveri; dial. 2, 4, 4 fuerat causa nescio qua Carnotum oppidum petebamus; chron. 2, 49, 9 debuerant; ep. 1, 1, 5 debueras. Letzteres findet sich auch einigemale bei Cassian inst. 7, 14 u. 25; inc. Chr. 7, 29. Öfter steht verschobenes Plusq. bei Salvian z. B. gub. d. 1, 9 re tamen ipsa beati non sunt, quia quod volunt nolle debuerant; 4, 49. 6, 75 etc.; ferner 5, 51 melius quippe fuerat beluina imprudentia deviasse; 7, 53 potuerant; ad eccl. 4, 34 quanto melius pauper fueras ... paupertas te deo insinuare potuisset. Rectius salva fueras quam per opes tuas te et alios praegravasses. Andere als solche konditionalen Plusquamperfekte wie par fuerat, melius fuerat, debueras, potueras u. ä. — auch diese nicht häufig — habe ich weder bei Apollinaris Sidonius,

— 53 —

noch bei Caesarius, Faustus, Avitus, noch bei Fredegar
l. IV gefunden. Für die in Afrika so häufig hervortretende nichtkonditionale Verschiebung habe ich nur anzuführen Avitus contra
Eut. h. p. 24, 9 altera certe fuerat ad matrem illa responsio,
Gregor hist. Fr. 1, 10 p. 39, 27 (sulcos, quos rotae curruum
fecerant) quos si modicum commotio maris obtexerit, illo quie-
scente, rursum divinitus renovantur, ut fuerant; 2, 3 p. 80. 23
qualis autem fuerat hic pontifex, testatur Paulinus (einige Mss.
fuerit), und Liber Hist. Fr.[1]) p. 259, 23 bonas vero vestes,
quas secum vestitas habuerat. Das ist um so merkwürdiger, als
die Verschiebung von fueram neben dem Partizip bei den Galliern
des 5. und 6. Jahrhunderts völlig durchgedrungen ist. Dafs sie
ganz fehle, wie Bonnet[2]) p. 643 behauptet, ist wohl nicht richtig,
das beweisen die wenigen Beispiele aus Sulpicius Severus und
Avitus, die sich bei genauer Beobachtung wohl noch um einige
vermehren werden.

Der Sprachgebrauch der Italiker unterscheidet sich von
dem der Gallier durchaus nicht; nur selten begegnet verschobenes
fuerat aufser dem konditionalen Plusq. Um hier zunächst den
Spanier Orosius einzuschieben, so ist nur hist. 4, 6, 40 zu erwähnen spem, quae nunc gentibus data est, antea vero non fuerat;
oder ist hier nicht vielmehr das Partizip auch zu fuerat hinzu-
zudenken? ap. 27, 2 forte satius fuerat. Aus Vegetius ist nur
anzuführen p. 114, 5 ille credit quicquid insidiarum fuerat prae-
terisse, 111, 16 nec insequentium ullum periculum est, cum victi,
quibus defendi potuerant, arma converterint. Aus Ambrosius
Off. min. einmal melius fuerat, einmal opus fuerat; Hieronymus
schreibt contra Pel. 1, 30 debueras, ep. 1, 19 tuae beatitudinis,
ut dignum fuerat, recordatus sum, Rufinus in der Streitschrift
gegen ihn mehrfach debueras. Symmachus ep. 9, 28 satis
fuerat; Pabst Leo ep. 5 tuae fuerat industriae et doctrinae, ut ..
cohiberes; ib. cui tam miserae voluntati te dignius fuerat obviare;
51 si non sunt ita honorabiles, ut fuerant. Ennodius 10 (ep.
1, 6) 7 quanta non fuerant ... si dedisset; 4 (ep. 1, 1) 4 sat
fuerat; 49 (opusc. 2) 19 quem hoc fuerat damnare quod argui;
49, 138 quos degenerasse claritas fuerat; 53 (2, 16) par fuerat:
alles also konditionaler Natur. Dagegen die nichtkonditionale
Verschiebung begegnet wieder bei Sedulius p. 173, 2 (Huemer)

---

[1]) Mon. Germ. Scriptt. rer. Merov. II.
[2]) Le Latin de Grégoire de Tours. Paris 1890.

quae defuerant; Pasch. op. 2, 1 fuerat succumbens; 5, 6 qui re-
ligionis ritu Iudaicae princeps illa quidem tempestate fuerat sacer-
dotum; 5, 33 sciens huius probationis exemplum non ad Thomae
tantum, qui fuerat iam beatus, sed ad fidem pertinere multorum;
debueras liest man 2, 7 und 5, 11. Boëtius cons. 3, 11 p. 78
(Peiper) schreibt nur das bekannte desinit esse quod fuerat, 4, 3
p. 97 desinant esse, quod fuerant. Cassiodor schreibt häufig
debueram u. ä., z. B. in den ersten 6 Büchern der Varien 1, 7 in
ea te qua non decuerat actione versatum; ib. debueras u. debuerat;
2, 19 unde nasci debuerat defensionis auxilium; 2. 24 decuerat
3, 31 debueratis 4, 29 dasselbe; 5, 29 decuerat 5, 32 und 43
oportuerat; auch die Verschiebung von fuerant ist vorhanden
3, 9 ut quae sita fuerant obscura, antiquioris nitoris possint re-
cipere qualitatem; 5, 11 fuerat quidem dispositionis nostrae, ut
vobis iter agentibus annonas iuberemus expendi: sed ne species . .
praeberentur . . eligimus; 5, 36 ut qui ante bellicis fueras aptus
insignibus, nunc vel ad otiosam vitam vix idoneus approberis.
Aus Jordanis sei erwähnt Rom. 50 in Israhel autem post Roboam
paucis diebus fuerat Zacharias; Get. 284 unum corpus efficiunt,
ut dudum fuerant, Venantius Fortunatus in den Prosaschriften (ed. Krusch) schreibt p. 2, 1 aequabilius fuerat, aber
auch p. 33, 15 in qua mors non invenit quod noceat nec vis habet
ultro quod noceat, cum sub pede iusti potius ipsa succumbat et
conteratur calce, quae quondam fuerat in timore; und ganz
charakteristisch in den ihm fälschlich zugeschriebenen Schriften
p. 77, 21 ad quem cum pervenisset sanctus Leobinus pariterque
cum eo beatus Albinus, qui comes eius itineris fuerat; 87, 3 eaque fide repletus, qua fuerat et beatus Paulus apostolus in proprio digito viperam pendentem excussit in ignem et nihil mali
passus est; 93, 25 ut ex omnibus quibuscumque necesse fuerat
ex eisdem sufficienter tribueret.

§ 13. Fueram neben dem Participium Perfecti Passivi.

Die Besprechung des Gebrauchs von fueram neben dem Part.
Perf. Pass. wird eine Tabelle erleichtern, welche beweist, dafs
etwa seit der zweiten Hälfte des 2. Jahrhunderts nach Chr., von
einzelnen Ausnahmen abgesehen, fuerat in dieser Verbindung über
erat zu überwiegen beginnt. Zunächst sind hier die schon ge-
machten Beobachtungen zusammenzufassen und der Sprachgebrauch bis auf die genannte Zeit zu verfolgen. Wir hatten

gesehen, dafs im alten Latein bei Plautus und Terenz je 4
Beispiele mit erat und je 4 mit fuerat sich gegenüberstehen, und
zwar so, dafs von einem Unterschied der beiden Formen nicht
die Rede sein kann. Leider ist das Material zu spärlich, um
einen sicheren Schlufs auf das Altlatein überhaupt zuzulassen.
Wenn wir annehmen dürfen, dafs zu jener Zeit die Sprache fuerat
als vollkommen gleichberechtigt neben erat verwendete, so ent-
wickelte man doch bald die Theorie, die zuerst bei Varro zur
Praxis zu werden scheint, dafs erat mit dem Partizip die einzig
richtige Form des Plusquamperfekts ist, von welchem das mit
fueram verbundene Partizip sich der Bedeutung von fueram gemäfs unterscheidet. Sicher ist dieser Gebrauch von Cicero und
Caesar befolgt worden, bei welchen das massenhaft vorliegende
Material sichere Schlüsse ermöglicht. Was von Partizipien mit
fueram bei Cicero vorkommt, unterscheidet sich der Bedeutung
nach von dem eigentlichen Plusq., ganz wenige Stellen ausgenommen. Caesar schreibt nie ein falsches fuerat; auch das Bellum
Alex. hat neben 24 mit erat gebildeten Formen kein einziges
fuerat, ja es stimmt auch in der Wortstellung mit Cicero und
Caesar überein, die, wie oben gesagt, regelmäfsig erat dem Partizip
voranschicken, während die späteren Historiker es regelmäfsig
nachfolgen lassen. Sogar das Bellum Africanum steht in
dieser Hinsicht auf Seite der Klassiker, indem es unter 29 Fällen
erat 24mal vorausstellt; im Bellum Hispaniense dagegen
überwiegt die Nachstellung mit 6 unter 9 Fällen. Auffällig ist
es für die zuletzt genannten beiden Teile des Corpus Caesarianum,
in denen es an falschem fuerat doch sonst nicht mangelt, dafs
fuerat neben dem Part. Perf. Pass. sich nur einmal im B. Afr.
findet c. 36, 2 ex oppido Thysdrae, in quo tritici modium milia
ccc conportata fuerant a negotiatoribus Italicis aratoribusque, ad
Caesarem venere. Es dürfte in dem beschriebenen Thatbestande
wohl eine teilweise Abhängigkeit von dem Stil Caesars zu erkennen
sein. Mit Sallust ändert sich schon das Bild. Er hat neben
50 mit erat gebildeten Plusqq. schon 5 mit fuerat gebildete, nämlich Jug. 52, 3. 59, 2. 90, 1. 93, 1. 109, 3, überall nicht von den
ersteren zu unterscheiden. Dafs Nepos des mit fuerat gebildeten
Tempus sich schon häufiger, und zwar 11mal bedient, entnehme
ich Lupus[1]).

[1]) Der Sprachgebrauch des Cornelius Nepos, p. 141 f., Berlin 1876.

Den häufigsten Gebrauch macht im 1. Jahrhundert nach Chr. jedenfalls L i v i u s von der Form mit fueram; in Buch 26 z. B. stehen neben 20 Beispielen der Form erat 7 mit fueram, in 6 Büchern (7—10. 21. 22) neben 135 Fällen der ersteren Art. 24 der letzteren; und in der dritten Dekade liest man die Form mit fueram 67mal: ob falsch oder in richtiger Unterscheidung vom klassischen Plusq., ist hierbei nicht unterschieden. Hier ist aber auch der Ort, uns mit der Behandlung auseinanderzusetzen, die von zwei so trefflichen Gelehrten wie K ü h n a s t [1]) und R i e m a n n [2]) dieser Sache zuteil geworden ist. Kühnast sagt p. 204, daſs „diese Tempusbildung dann gebraucht wird, wenn nicht sowohl auf die Vollendung der Handlung als überwiegend auf das Resultat derselben, auf die Entwickelung des Zustandes, der sich aus ihr ergiebt, gerücksichtigt wird (bei Passiven sowohl wie bei Deponentien), mag dieser Zustand die Fortdauer der Handlung involvieren, oder dieselbe später aufgehört haben". Diese Erklärung, die mir immer deshalb geheimnisvoll geblieben ist, weil man sie ebensogut auf die mit erat gebildeten Tempusformen anwenden könnte, ist von Dräger und anderen, z. B. Lupus, angenommen worden. Mit Recht hat dagegen Riemann p. 213 ff. hervorgehoben, daſs in der Mehrzahl der Fälle von einem Unterschied zwischen den Formen mit fuerat und erat nicht gesprochen werden kann, sondern fuerat einfach an die Stelle von erat getreten ist. Ich vergleiche z. B. folgende Stellen: m i t t e r e. 9, 1, 3 is, ubi legati, qui ad dedendas res missi erant, pace infecta redierunt; aber 27, 7, 13 additaque eadem militiae ignominia, sub qua Cannenses militabant quique ex praetoris Cn. Fulvi exercitu ob similis iram fugae missi eo ab senatu fuerant (ils y étaient encore, fügt Riemann erklärend hinzu); 21, 26, 3 in locum eius, quae missa cum praetore erat, scripta legione nova, aber 35, 21, 11 praeda . . . quae missa a populatoribus fuerat. c a p e r e. 4, 45, 5 ad insequentis anni tribunos militum consulari potestate inito magistratu legati ab Tusculo venerunt . . . C. Servilium, Prisci filium, quo dictatore Fidenae captae fuerant zu vergleichen mit 22, 19, 12 partim armati partim inermes ad instructam per litus aciem suorum perfugere. quae tamen primo concursu captae erant Punicae naves, quattuor

---

[1]) K ü h n a s t, Die Hauptpunkte der Livianischen Syntax, 2. Aufl., Berlin 1872.

[2]) Études sur la langue et la grammaire de Tite-Live, 2. Aufl., Paris 1885.

suppressae oder 7, 37, 16 ut signa militaria cum iis, quae in
castris capta erant, ad centum septuaginta ad consulem defer-
rentur mit 28, 36, 5 ad portam eam muri, qua capta Carthago ..
fuerat (sie war noch in den Händen der Eroberer). dimittere.
8, 7, 1 forte inter ceteros turmarum praefectos, qui exploratum
in omnes partes dimissi erant, T. Manlius, consulis filius, super
castra hostium cum suis turmalibus evasit; dagegen 22, 13, 2
inter multitudinem sociorum Italici generis, qui ad Trasumennum
capti ab Hannibale dimissique fuerant, tres Campani equites erant.
pugnare. 7, 26, 8 adeo duorum militum eventum, inter quos
pugnatum erat, utraque acies animis praeceperat und so auch 7, 33,
13 pugnatum erat, aber 22, 22, 3 ita contempta erat inter civis
armatos pariter togatosque, utique postquam absente eo temeritate
magistri equitum laeto verius dixerim quam prospero eventu
pugnatum fuerat, womit zu vergleichen 10, 19, 5 ibi orationes
longiores habitae in eandem ferme sententiam, in quam inter
paucos certatum verbis fuerat, 30, 12, 4 quia equestri tantum-
modo proelio certatum fuerat; 4, 30, 14 cum Veientibus nuper
acie dimicatum fuerat. caedere. 10, 31, 12 proximo anno
Samnites . . . ab quattuor exercitibus, quattuor ducibus Romanis
caesi fuerant .. tamen bello non abstinebant, aber 10, 18, 8 iam
Volumnius in Samnio tria castella ceperat, in quibus ad tria milia
hostium caesa erant; 22, 57, 2 quod duae Vestales eo anno, Opimia
atque Florentia, stupri conpertae, et altera sub terra, uti mos est,
ad portam Collinam necata fuerat, altera sibimet ipsa mortem
consciverat. L. Cantilius scriba pontificis . . . qui cum Floronia
stuprum fecerat, a pontifice maximo eo usque virgis in comitio
caesus erat, ut inter verbera expiraret. movere und facere.
9, 25, 1 bellum intulerunt . mota namque omnia adventu Samnitium,
cum apud Lautulas dimicatum est, fuerant, coniurationesque circa
Campaniam factae; 9, 37, 1 hac expeditione consulis motum latius
erat quam profligatum bellum und 22, 38, 2 tum quod numquam
antea factum erat, iure iurando ab tribunis militum adacti milites.
afferre. 22, 54, 7 Romae . . . occidione occisum cum consulibus
duobus exercitum deletasque omnes copias adlatum fuerat; 22, 53, 9
cum concilium ibi iuvenum, de quibus adlatum erat, invenisset;
dilabi, dissipare, spargere. ibi vero, quo longius ab hoste
aberant, et quia sub lucem pabulatum ... quidam dilapsi fuerant,
neglecta magis omnia ac soluta invencre: sie waren noch nicht
zurückgekommen, fügt Riemann zur Erläuterung hinzu; 22, 29, 5

qui solutis ordinibus vage dissipati erant, undique confugerunt ad integram aciem; 21, 56, 5 qui passim per agros fuga sparsi erant, vestigia cedentis sequentes agminis Placentiam contendere. Aber 22, 25, 1 Venusiam . . . pedites equitesque, qui sparsi fuga per agros fuerant, pervenere ist fuerant zum Unterschied von sparsi erant gesetzt: sie waren zerstreut gewesen und waren es nicht mehr. An der Behauptung Riemann's also, daſs in einer groſsen Anzahl von Stellen — es ist die Mehrzahl — die Formen mit fuerat ohne jeden Unterschied von denen mit erat gebraucht werden, kann nach unseren Zusammenstellungen kaum ein Zweifel mehr sein. Natürlich fehlen auch solche Stellen nicht, wo fueram seiner eigentlichen Bedeutung gemäſs angewendet ist. Man vergleiche auſser dem eben besprochenen sparsi fuerant 31, 42, 5 quae per agros sparsa multitudo fuerat; 1, 2, 1 cui pacta Lavinia ante adventum Aeneae fuerat (war gewesen); 1, 26, 2 quae desponsa uni ex Curiatiis fuerat; 22, 24, 2 castra, quae in monte alto ac tuto loco posita fuerant (Riemann: le camp était resté quelque temps dans cette situation u. a.). Wenn es aber feststeht, daſs in der Mehrzahl der Fälle ein Unterschied zwischen fueram und eram nicht vorhanden ist, so wird es schwer angehen, im einzelnen Fall subtile Unterschiede zu finden, wie Riemann, der übrigens das Problematische dieses Verfahrens selbst p. 218 zugiebt, an mehreren Stellen thut. Z. B. 23, 23, 3 is ubi primum fama accepit Hannibalem Alpes transgressum, ut bello inter Romanum Poenumque orto laetatus erat, ita utrius populi mallet victoriam esse, incertis adhuc viribus fluctuatus animo fuerat (cette indécision avait cessé). Jedenfalls hätte sich Livius auch durch das Partizip mit erat vollkommen deutlich ausgedrückt, da das Aufhören des Schwankens ja ausdrücklich durch den folgenden Satz hervorgehoben wird: postquam tertia iam pugna, tertia victoria cum Poenis erat, ad fortunam inclinavit legatosque ad Hannibalem misit. Aus demselben Grunde möchte ich nicht in jedem Falle, wo ein Plusq. mit fueram vor einem anderen Plusq. gebraucht wird, mit Riemann p. 219 einen korrekten Gebrauch des fueram erkennen. 7, 26, 8 z. B. adeo duorum militum eventum, inter quos pugnatum erat, utraque acies animo praeceperat findet Livius es nicht für nötig, fuerat zu verwenden. Entweder also müssen wir uns in diesem letzteren Falle bescheiden, nichts zu wissen, oder, da nun einmal überwiegend fuerat verschobene Bedeutung hat, auch hier die verschobene Bedeutung als die wahr-

scheinlichere gelten lassen. Übrigens hat Riemann nicht, wie es
scheinen könnte, eine vollständige Stellensammlung geliefert; es
fehlen z. B. aus den Büchern 7—10. 21—22 folgende: 8, 2, 5 usi
fuerant, 8, 22, 6 advecti .. fuerant, 8, 23, 10 usi fuerant, 8, 38, 9
secuti fuerant, 9, 25, 1 mota . . . fuerant, 9, 32, 11 deleta . . .
fuerat, 9, 16, 2 relictus . . . fuerat.
Kühnast's Deutung dieser Formen ist oben zurückgewiesen.
Man könnte vielleicht noch das herbeiziehen, was Madvig opus-
cula p. 581 (1. Aufl., II. 224) über die bei Plautus vorkommenden
Perfekta von Deponentien miratus fui, oblitus fui sagt: Videntur
enim in antiqua sermone interdum participia quaedam deponentium
et passivorum sic potuisse poni, ut magis absolute condicionem et
statum significarent, paene in adiectivi notionem transeuntia, deinde
verbum adiungeretur per se praeteriti forma. War also oblitus
sum etwa = „ich bin's vergessen" und oblitus fui = „ich bin's
vergessen gewesen", so könnte dieses fui auch das fueram nach
sich gezogen haben. Indessen, was sich für oblitus begreifen läfst,
ist nicht ebenso für andere Participia begreiflich. Dazu kommt,
dafs fui neben dem Partizip im Lateinischen niemals gegenüber
sum durchgedrungen ist, sondern nur verhältnismäfsig selten vorkommt, während fueram neben eram schon in Plautinischer Zeit
gleichberechtigt erscheint und im Spätlatein es fast vollkommen
verdrängt. So ziehe ich denn die Annahme vor, dafs auch hier
einfach Ersatz von eram durch verschobenes vulgäres fueram vorliegt. Was wir vorher zur Berichtigung von Riemann's Untersuchung ausführten, wird es auch als berechtigt erscheinen lassen,
wenn wir nicht nach Riemann's Vorgang im einzelnen untersuchen,
wo fueram in eigentümlicher Bedeutung, wo in verschobener Bedeutung gebraucht ist. Denn je weiter wir uns von der klassischen
Zeit entfernen und je stärker die mit fueram gebildeten Plusquamperfekte überwiegen, desto weniger Erfolg wird der Versuch
einer Scheidung haben. Ich werde mich deswegen begnügen, das
Material in Tabellenform hier vorzulegen und einige Bemerkungen
zur Erläuterung hinzuzufügen. (Tabelle s. folgende Seiten.)
    Bis auf das Zeitalter des Apulejus also überwiegt im all-
gemeinen das mit erat, von da an das mit fueram gebildete Plusquamperfektum. Einige Ausnahmen fordern eine Erklärung. Dafs
Fronto fuerat nicht hat, ist sicher ein Zufall; braucht er doch
sowohl zweimal fuisset neben Part. Perf. als häufig das mit fuero
gebildete Futurum ex. Wenn ferner der späte Epitomator Julius

Partic. Perf. Pass. mit:	Sallust	Livius, Buch 7—10 / 21—22	Livius, Buch 26	Vellejus	Valerius Maximus	Julius Paris	Curtius	Tacitus	Sueton.
erat	50	135	20	bis Buch II.20,5: 13	53	25	sehr häufig	47	30
fuerat	5	24	7	überhaupt 5	29	16	3	1	14

	Florus	Justin	Scriptores Hist. Aug.	Ammianus Marcellinus	Orosius	Vitruv	Seneca rhetor	Petron
erat	16	29	24	26	6	7	15	12
fuerat	3	50	58	1	15	10	4	3

	Seneca philos.	Columella, Buch 1—5	Plinius iun.	Fronto	M. Caesar	Gellius, Buch 1—9	Apulejus Met.	Apulejus Apol.	Tertullian, über die Hälfte der Schriften
erat	20	3	21	4	1	37	4	8	7
fuerat	1	5	8	—	2	7 überhaupt 12	36	7	10

	Cyprian	Arnobius	Lactantius, Buch 1—2	De mortibus persecutorum	Optatus	Martianus Capella	Augustinus, 10 Bb. de civ. dei	Augustinus, 13 Bb. confess.	Fulgentius von Ruspä, Hälfte der Schriften
erat	—	—	5	10	11	4	11	38	3
fuerat	überwiegend	überwiegend	4	14	34	6	30	8	10

	Victor von Vita	Liberatus	Facundus	Sulpicius Severus	Cassian, inst. coen.	Salvian, gub. d.	Gregor hist. Fr., Buch 1—4		Fredegar, Buch 4
erat	5	4	10	15	3	3	14		2
fuerat	13	26	37	16	14	5	23		22

	Hieronymus ep.	Cassiodor, Variae Buch 1—6	Eugippius, vita Sever.	Jordanis	Venantius Fortunatus, echte Prosaschriften	Venantius Fortunatus, unechte Prosaschriften
erat	8	0	1	8	5	3
fuerat	13	6	12	8	4	16

Paris abweichend von dem Sprachgebrauche seiner Zeit das Plusq.
mit erat dem mit fuerat vorzieht, so liegt hierin eine unverkenn-
bare Beeinflussung durch sein Vorbild. Denselben Grund wird
wohl bei Ammian die auffallende Verachtung haben, welche er
dem verschobenen fuerat angedeihen läfst. Umgekehrt bildet
Vitruv im augusteischen Zeitalter eine Ausnahme, aber er bleibt
seiner oben auch sonst konstatierten Vorliebe für vulgäres fuerat
getreu. Finden wir bei Apulejus einen Gegensatz in der Verwendung des Plusq. zwischen Metamorphosen und Apologie, so
dürfte auch dieser auf die Anlehnung an klassische Muster zurück-
zuführen sein, die wohl in dieser, nicht aber in jenen erfolgt ist.
Was aber den auffallenden Gegensatz zwischen des Augustinus
citierten Werken herbeigeführt hat, kann ich nicht beurteilen.

§ 14. Fueram neben den Participia Futuri.

Ich lasse hier ohne längeren Kommentar eine Sammlung von
Stellen von fueram neben den Participia Futuri folgen und mache
nur auf die Häufigkeit aufmerksam, mit welcher die Afrikaner sich
dieser Form bedienen.

A. Fueram neben dem Part. Fut. Activi. Zuerst hat Terenz
fueram so gebraucht an den beiden schon erwähnten Stellen A. 543
ita uti nuptiae fuerant futurae und 587 non fuerant nuptiae futurae.
Es folgt Cicero mit der einzigen Stelle Att. 4, 17, 4 sed senatus
hodie fuerat futurus und (vgl. auch Thielmann, Archiv f. lat.
L. u. Gr. II, p. 189) Ovid. met. 14, 72 mox eadem Teucras fuerat
mersura carinas, ni prius in scopulum transformata foret. Livius[1]
10, 11, 4 M. Valerium consulem omnes sententiae centuriaeque
dixere, quem senatus dictatorem dici iussurus fuerat. In den Zusammenhang pafst übrigens Thielmann's Übersetzung: „befohlen
hätte“, nämlich „wenn die Wahl nicht so ausgefallen wäre“, nicht,
sondern nur die folgende: den der Senat hatte zum Diktator er-
nennen wollen. 22, 22, 19 maior aliquanto Romanorum gratia
fuit in re pari, quam quanta futura Carthaginiensium fuerat = als
in gleichem Falle die Carthager gehabt haben würden. 35, 42, 3
et primo naves apertae, quas cum eo missurus in Africam fuerat,
moratae sunt. Zu 41, 24, 4 u. 5 urteilt Weifsenborn, wohl mit
Recht, dafs indirekte Frage vorliege, also statt des handschriftlichen fuerat: divinat etiam, quae futura fuerint, si Philippus

---

[1] Vgl. Weifsenborn-Müller, Anm. 22, 22, 19.

vixisset und quid Philippus, si vixisset, facturus fuerit zu lesen sei.
45, 27, 7 ubi sacrificio Apollini facto inchoatas in vestibulo colum-
nas, quibus imposituri statuas regis Persei fuerant, suis statuis
victor destinavit. Unter Anführung dieser Stelle sagt Madvig, Lat. Sprachl.³,
§ 342 b A.: „Das Participium mit fueram kann bezeichnen, was
vor einer gewissen Zeit im Werke war, wird aber bei Dichtern
ganz wie mit eram gebraucht". So viel ist sicher, an dreien der
citierten Liviusstellen hat fueram den ersteren Sinn und ist mit
Bewufstsein vom Autor von erat unterschieden. Imposituri erant
würde gleichzeitig mit destinavit sein, es sollte aber die Handlung
als vorzeitig dem destinare bezeichnet werden und so mufste fuerat
eintreten. Konditionales fuerat haben wir Liv. 22, 22, 19 und bei
Ovid, aber dieses ist schon als verschoben anzusehen, da es nicht
mehr bedeutet, dafs eine Handlung vor einer anderen vergangenen
Handlung geschehen ist, sondern einem einfachen Präteritum gleich
ist. Endlich völlige Verschiebung weisen schon die Terenzstellen
auf. Warum Cicero a. a. O. fuerat schreibt, hat sehr schön Hoppe¹)
durch Vergleichung von fam. 1, 2, 4 haec scripsi . . . ante lucem:
eo die senatus erat futurus gezeigt. Erat futurus heifst: zur Zeit
des Schreibens ante lucem bestand die Bestimmung; Att. 4, 17, 4
aber folgt die Zeitbestimmung: iam enim luciscit; der bestimmte
Termin war also schon eingetreten und deshalb eram nicht mehr
am Platze. Aufser der Ovidstelle aber ist mir aus der augusteischen
Zeit kein Beispiel von fueram mit dem Part. Fut. Act. bekannt, und
ich glaube, dafs die Bemerkung Madvig's, dafs gerade die Dichter
fueram in dieser Verbindung = eram gebrauchen, keine genügende
Unterlage hat. Jedenfalls kann ich aus späterer Zeit eine Reihe
von Stellen mit verschobenem fueram gerade aus Prosaikern anführen.

Zwar Plin. ep. 5, 16, 7 cum audivi Fundanum ipsum . .
praecipientem, quod in vestes margarita gemmas fuerat erogaturus,
hoc in tus et unguenta et odores inpenderetur; Just. 13, 5, 7 mille
naves longas sociis imperari praeceperat, quibus in Occidente
bellum gereret, excursurusque cum valida manu fuerat ad Athe-
nas delendas; 27, 1, 8 in ultionem eius, quam defensuri fuerant,
Ptolomeo se tradunt ist das Plusq. nicht verschoben, wohl aber

---

¹) Zu den Fragmenten und der Sprache Cicero's. Progr., Gumbinnen
1875, p. 19f.

Scriptores H. A. 27, 17, 2 vinum, quo libaturus Tacitus fuerat in templo Herculis Fundani, subito purpureum factum est und Sedulius 4, 21 p. 271, 4 (Huemer) moriturus fuerat (im Gedicht erat). Aus gallischen Autoren kenne ich nur Apoll. Sid. 4, 12 facturus fuerat, Avitus p. 78, 22 (Peiper) fuerat vindicaturus.

Sehr beliebt aber ist das verschobene fuerat in dieser Verbindung wieder bei den Afrikanern. Tertull. Marc. 15 fuerant inrogaturi; Vita Cypr. 104, 12 acturus fuerat; Pseudocypr. p. 124, 9 qui fuerat venturus; Lact. inst. 4, 8, 8 tamen cum voce ac sono ex dei ore processit sicut verbum, ea scilicet ratione, quia voce eius ad populum fuerat usurus, id est quod ille magister futurus esset doctrinae dei; 4, 18, 31 sed spiritus dei per eum loquebatur, qui fuerat illa passurus post annos mille et quinquaginta; Aug. civ. d. (Dombart²) I, p. 18, 9 (ut) . . . nec contristaretur eis rebus vivens relictus, quas cito fuerat moriens relicturus; p. 20, 31 hoc scio neminem fuisse mortuum, qui non fuerat aliquando moriturus; 93, 28 neque enim gravius fuerant quamlibet crudelissima immanitate nocituri homines; 99, 2 miror Apollinem nominatum divinatorem in tanto opificio laborasse nescientem quod Laomedon fuerat promissa negaturus; 109, 15 sive cum Romulo iam Romam transierant, sive quandoque Alba eversa fuerant transituri; 342, 4 fuerat eventurum 396, 9 fuerat liberaturus 480, 28 fuerat habitura 573, 26 fuerant securae II, p. 35, 22 futurus fuerat 88, 25 passura fuerat. Optatus p. 52, 21 qui fuerant nascituri 104, 5 quos discrepaturae fuerant partes 139, 21 fuerant moritura. Luc. Cal. p. 236, 14 fuerant interfecturi. Fulg. Rusp. ad Mon. 1, 13 praedestinabit deus, quod erat ipse facturus aut quod fuerat largiturus; 1, 25, quia fuerat profutura; 1, 29 quae fuerat ipse facturus; 3, 22 quam in passione fuerat positura; ad Petr. diac. 2 qui de ea fuerat nasciturus; 19 quam fuerat oblaturus et quem erat effusurus.

B. Fueram neben dem Part. Fut. Passivi. Das erste Beispiel steht bei Cicero fam. 1, 9, 17 totus est nunc ab iis, a quibus tuendus fuerat, derelictus, weiter Livius 35, 37, 2 oratione habita, qualis habenda ab Alexameno fuerat, societati Achaeorum Lacedaemonios adiunxit = hätte gehalten werden sollen; Seneca phil. ep. 77, 3 hoc etiamsi senex non essem, fuerat sentiendum, ebenfalls konditional; Justin 25, 4, 1 Pyrrus in tanto fastigio regni conlocatus iam nec eo, ad quod votis perveniendum fuerat,

— 65 —

contentus Graeciae Asiaeque regna meditatur. Scrr. H. A. 4, 7, 9 actis igitur, quae agenda fuerant in senatu, pariter castra praetoria petiverunt; 6, 12, 2 aus einer Rede des Marc. Anton.: cuius aetas olim remuneranda fuerat consulatu, nisi viri fortes intervenissent. Vogel p. 142, 1 per noctem sub fundamenta muri cuniculum fodit et illum locum, ad quem die postero turris fuerat promovenda, nullo hostium sentiente egesta terra cavavit (= erat promovenda). Oros. 5, 24, 3 munus gladiatorium ex quadringentis captivis scilicet qui spectandi fuerant spectaturi; 6, 1, 20 si a voluntariis, servanda praescientia nec prius fuerant adiuvandi. Pabst Leo in sol. nativ. 8 destruendum fuerat; Cassiodor exp. in Ps. 19, 5 fuerant nuncupandi. Gregor. Mor. 1, 27 fuerat indicandum; 1, 75 miranda fuerant 2, 18 (31) fuerat dolendum 2, 20 (35) fuerant nutriendi. Aus Gallien Sulp. Sev. ep. 2, 7 parcendum fuerat. Avitus ep. 64, 2 fuerat desiderandus.

Den Hauptbeitrag liefern aber wiederum die Afrikaner. Ich vermeide es, die konditionale Verschiebung von den sonstigen Fällen zu trennen, und gebe die Stellen ausführlich nur aus dem mir zur Hand liegenden Augustinus. Cypr. 584, 6 iungendus . . . fuerat 611, 2 fuerat insinuandus 617, 18 fuerat nuntiandum 625, 19 fuerant excitanda 732, 13 eiciendi fuerant 756, 23 invocandus fuerat. Vita Cypr. 105, 10 disponendum fuerat; Pseudocypr. p. 206, 20 quibus faciendum fuerat, etiamsi imperasset. Arnobius p. 274, 16 si fuerat puniendus, quid debuit; 48, 2 si dignus non esset, fuerat non aspernandus. Lact. inst. 5, 21 adducendi . . fuerant. August. c. d. I, p. 19, 29 admonendi autem fuerant, qui tanta patiebantur pro auro; 169, 1 virtutem quoque deam fecerunt, quae quidem si dea esset, multis fuerat praeferenda; 191, 17 scelera facienda decerni, qualia, si aliqua terrena civitas decrevisset, genere humano decernente fuerat evertenda; 277, 3 quae profecto et Minervae fuerat praeferenda; 299, 25 sic videlicet Liber deus placandus fuerat pro eventibus seminum; 488, 10 et ideo sola ibi lux placuit Conditori. tenebrae autem angelicae, etsi fuerant ordinandae, non tamen fuerant adprobandae; 516, 24 neque enim caelestibus fuerant terrena coaequanda aut ideo universitati deesse ista debuerunt, quoniam sunt ista meliora; 561, 1 fidei autem robore atque certamine . . . etiam mortis fuerat superandus timor; 561, 18 quod tunc timendum fuerat, ut non peccaretur, nunc suscipiendum est, ne peccetur; II, p. 30, 23 non est ille seductus, sed cum fefellit, quomodo fuerat indicandum, quod erat dicturus; 62, 9 sed ubi significandum fuerat Dei donum, quod indebitum hominibus gratia largiretur, sic oportuit dari filium. Optatus p. 39, 3 non enim grex aut populus appellandi fuerant; 16, 16 etiam stultitia fuerat revelanda; 93, 5 nihil illic fuerat emendandum; 159, 11 pellendi fuerant; 159, 17 non fuerant repellendi; 166, 18 si pro deo moriendum fuerat. Lucifer p. 5, 9 unde et fueratis et estis fugiendi; 31, 19 utique fueratis vitandi; 181, 18 fuerat pellendus — fuerat petendus; 182, 18 dimittendum fuerat; 239, 4 nobis quiescendum fuerat; 242, 19 non fuerat surgendum. Vita Fulgentii. (Max. Bibl. patrum IX fol. 10) probandi fuerant. Vigilius von Thapsus contra Eut. 5, 26 quae sentienda fuerant; Facundus 5, 5 dicenda fuerant; 6, 1 fuerat abdicanda; 6, 5 attendendus fuerat.

§ 15. Das Plusquamperfekt im Nachsatz des Bedingungssatzes.

Über das problematische occideras und über par fuerat in der Apodosis bei Plautus, über potueras bei Terenz ist früher schon gesprochen. Sonst ist mir aus dem alten Latein nichts bekannt. Ich lasse jetzt zunächst eine Beispielsammlung folgen, ohne die schon im letzten Paragraphen aufgeführten Stellen hier zu wiederholen.

Cicero Verr. 5, 74 inimicum habebas neminem: si haberes, non ita viceras ut; deor. n. 1, 73 si non audisset, quid audierat; fam. 12, 10, 3 praeclare viceramus, nisi . . . recepisset; ep. ad Brut. 1, 15, 12 viceramus, nisi . . . concupivisset. Bekannt sind die von Dräger II², p. 726 citierten Stellen: Verg. Aen. 2, 54 si mens non laeva fuisset, impulerat, Hor. carm. 2, 17, 27 sustulerat, nisi, 3, 16, 3 munierant, si non, Ovid met. 14, 72 fuerat mersura. Oft bei Seneca Rhet.: p. 5, 23 belle is cesserat, si . . nasus Atticus ibi substitisset. 70, 13 perierat totus orbis, nisi iram finiret. 108, 1 perieras, nisi . . . meruisses. 141, 5 perierat totus orbis, nisi iram finiret misericordia. 369, 25 perieras, pater, nisi, in parricidam incidisses. 353, 24 si silentium eius intellegere scissemus, et tunc nobis verecunde indicaverat. 384, 13 perdideras sepulturam, nisi in morte reperisses. 386, 2 si tantum commilito esses, patrem me adoptare debueras. 468, 16 perieramus, si magistratus esset. 484, 22 quid aliud merucrat, si satisfacere nollet. Livius (vgl. Dräger p. 727, Kühnast p. 226) 2, 22, 1 nam et Volsci conparaverant auxilia, quae mitterent Latinis, ni maturatum ab dictatore Romano esset, ist nicht mit den übrigen Beispielen zu vergleichen, es ist nicht rhetorischer Natur, wie diese, sondern das Plusq. mit dem Relativsatze bildet eine Umschreibung für den Konj. Plusq.; 3, 19, 8 nunc, nisi Latini sua sponte arma sumpsissent, capti et deleti eramus. Falsch rechnet Kühnast hierher 21, 57, 5 undique clausi commeatus erant, nisi (aufser) quos Pado naves subveherent. 34, 29, 10 et dificilior facta oppugnatio erat, ni T. Quinctius supervenisset. 38, 49, 12 si hostem non vidissem, tamen proconsul ... triumphum merueram. Val. Max. 4, 3, 7 quam bene Aetolicis domestica praetulerat, si frugalitatis eius exemplum posterior aetas sequi voluisset. Vellejus 2, 115, 3 ob quae, si propriis gessisset auspiciis, triumphare debuerat. Seneca phil. dial. 6, 1, 4 detrimentum res publica ceperat, si ... non eruisses. 20, 4 si abstulisset, excesserat. Nat. quaest. prol. 3 nisi ad haec admitterer, non fuerat (operae pretium) nasci. 1, 17, 6 ferrum ... et id impune homines eruerant, si solum eruissent. Dial. 3, 11, 4 perierat imperium, si. 4, 33, 6 perierat alter filius, si. Benef. 4, 38, 2 si Philippus possessorem illum eorum litorum reliquisset, quae naufragio ceperat, non omnibus miseris aqua et igni interdixerat? 7, 9, 4 non satis muliebris insania viros superiecerat, nisi bina ac terna patrimonia auribus singulis pependissent. Ep. 77, 3. fuerat sentiendum. 19, 5 (114) 4 magni vir ingenii fuerat, si illud egisset via rectiore. 16, 2 (97) 14 actum erat, nisi. Curtius. 7, 1, 22 etiamsi ... esset accepta, merueramus; 10, 10, 6 quas ipsi fundaverant, si unquam adversus immodicas cupidines terminus staret. Petron. 57 coeperat surgere, nisi esset vocata. Tac. hist. 3, 37 incesserat ni. Agricola 37 circumire terga coeperant, ni Agricola opposuisset. Ann. 4, 9 ac si modum orationi imposuisset, misericordia sua gloriaque animos audientium impleverat. 6, 9 contremuerantque patres, ni. 15, 37 nihil flagitii reliquerat, ... nisi ... denupsisset; 15, 50 pulcherrimum ad facinus exstimulaverant, nisi impunitatis cupido retinuisset. Quintilian 6, 2, 25 quod si tradita mihi sequi praecepta sufficeret, satisfeceram huic parti, nihil eorum, quae legi vel didici . . omittendo: sed promere in animo est etc. Plinius nicht blofs, wie Dräger meint: pan. 8 temere fecerat Nerva, si adoptasset alium, sondern auch ib. 31 actum erat, si libera fuisset; 64 peracta erant sollemnia comitiorum, si principem cogitares. Florus verwendet die Konstruktion nicht weniger als 9 mal und zwar actum erat im Nachsatze 1, 18, 3. 2, 6, 50. 3, 3, 5. 4, 1, 5. peractum erat 4, 2, 19. Ferner 2, 17, 6 raptaque erat impetu Hispania, nisi fortissimi viri . . . cecidissent; 4, 3, 1 popu-

5*

lus Romanus . . . redisse in statum pristinum libertatis videbatur.
et redierat, nisi aut Pompeius liberos aut Caesar heredem reliquisset; 4, 10, 4 nihil acciderat . . nisi intervenisset; 4, 12, 22
factum erat, si barbari tam vitia nostra quam imperia ferre
potuissent. Nur zweimal begegnet die Konstruktion bei den
Scriptt. H. Aug. 4, 16, 6 nam et Hadrianus hunc eundem suc-
cessorem paraverat, nisi ei aetas puerilis obstitisset und 19, 22, 1
quibus populus paene consenserat, < nisi > Menofilus cum collega
restitisset.

Nicht unwesentlich unterscheidet sich der Sprachgebrauch des
Ammianus[1] von dem bisher betrachteten. Hatten wir bisher
im wesentlichen die Verba, welche in der Apodosis des Bedingungssatzes erscheinen, in 3 Gruppen unterbringen können: 1) Verba,
die ein Können, Müssen u. ä. bedeuten; 2) Verba, die ein Anfangen,
Streben, Begehren, Versuchen, Vorbereiten u. ä. bedeuten; 3) die
Apodosis mit interjektionsartigem Charakter (viceramus etc.), so
fallen jetzt alle Schranken, und ganz beliebige Verba treten in die
Apodosis. An den bezeichneten Orten sind schon angeführt 14, 3, 2,
vastarat, 14, 6, 3 venerat, 16 12, 70 sepelierat, 19, 6, 11 obtrun-
carant, 22, 4, 5 amiserat, 23, 3, 3 consumpserat, 23, 6, 83 miserat;
hierzu kommen 17, 10, 2 egerat; 20, 11, 11 molem arietis ma-
gnam . . . quae subito visa aptataque faberrime clausorum hebe-
taverat mentes ad usque deditionis remedia paene prolapsa, ni
resumptis viribus opponenda minaci machinae praeparassent; 25, 4, 6
et si nocturna lumina, inter quae lucubrabat, potuissent voces ullae
testari, profecto ostenderant inter hunc et quosdam principes multum interesse; 26, 6, 8 cuncta confuderat, ni gladio perisset ultore;
26, 9, 10 si prodidissent . . oportuerat; 27, 2, 6 quem si secutae
residuae cohortes abissent, ad tristes exitus eo usque negotium·
venerat; 27, 3, 8 domum eius prope Constantinianum lavacrum
iniectis facibus incenderat et malleolis, ni vicinorum et familiarum
veloci concursu a summis tectorum culminibus petita saxis et
tegulis abscessisset; 26, 10, 2 ediderat, 29, 5, 30 perdiderat,
29, 6, 13 abierat, 30, 9, 1 vixerat, 31, 3, 8 oppresserat.

Vegetius p. 147, 6 Galli Romanum nomen eruerant, nisi
clamore anserum excitatus Mallius restitisset. Ambrosius Class.
2, 73, 2 si potuissent, non fuerat opus ea lege; ep. 1, 2, 21 et

---

[1] Vgl. Hassenstein, De syntaxi Amm. Marc. Diss., Königsberg 1877,
p. 40. Blase, Gesch. des Irrealis, p. 28 ff.

paene ceperat, nisi exuisset Ioseph vestem; 1, 6, 6 commodius huic viro levitae cesserat, si in Gabam hospitium non reperisset; 1, 24, 11 si ipse sibi vim non intulisset, iusseram eum Cabillonum; 1, 54, 1 qui naufragium fecerat, nisi te habuisset gubernatorem. Hieronymus ep. 1, 37 etsi alicubi Ptolomaeus maria conclusisset, tamen rex Attalus membranas a Pergamo miserat. Beispiele aus Ennodius hat Vogel im Index sub voce tempora gesammelt: p. 112, 15 ni obstitisset, fuerat planta succisa, p. 205. 29 si excepisset, viceras 264, 37 si compensassent, reduxerat 272, 32 effecti fuerant, si meruissent 304, 22 olim responderam, si facile fuisset 316, 4 si mei memor esses, agnoveram. Boëtius Comm. zu Cic. Topica 3, 318, 41 nisi ita dixisset, potuerat esse communis definitio. Cassiodor exp. in Ps. 1, 1 si proiecisset ... non fuerat necessarium; 1, 2 non magna gloria fuerat declinare vitiosa, nisi et diceret omnino laudanda; 17, 47 potuerant, si .. expetiissent; 25, 5 minus fuerat sancto viro vitasse concilium, nisi et congregationem odisset; var. 8, 12 evaserat Caecilius pondus verecundiae, si hunc provectum saecula priora genuissent; hist. trip. 1, 14 et si pervenissent .. nihil potuerat. Gregor mor. 1, 27 nam fraternitati vestrae etsi praesens non evenisset occasio, necessario fuerat indicandum, quod licet, indignum me apostolicae sedi dominus praeesse dignatus est; 1, 75 si non ex fidei merito .. bellicarum actionum prosperitas eveniret, non summopere miranda fuerant; 1, 3 summus enim mihi profectus fuerat, si potuisset impleri, quod volui. Hist. regis Apoll. p. 41, 12 quid fecerat, si complesset? Aus Venantius Fortunatus endlich giebt der Index von Leo folgende Stellen: 1, 8, 11 vicerat, si nequisset; 4, 26, 57 plus fuerant soli, si tunc sine prole fuissent; 6, 5, 109 fueras, si fuisses; 7, 11, 5 si tenuisset, fuerat licitum; 9, 7, 17 si fuissent nota ... oblitus fueram; 10, 2, 8 nec fuerat plenus homo, si non sensisset et tumulum; app. 18, 4 si forte latens alia regione fuissem, ad vos debueram concitus ire magis.

Aus gallischen Autoren seien folgende Stellen verzeichnet, die ich zum Teil schon in anderem Zusammenhange (Gesch. des Irrealis, p. 69 ff) gebracht habe. Paneg. lat. p. 200, 3 an nescire nos putas quod, dum nimio raperis ardore, in media hostium tela devenras et, nisi viam tibi caedibus aperuisses, spem totius generis humani et vota deceperas; 200, 28 in quae nos fata proiceras, nisi te divina virtus tua vindicasset; 306, 1 si morerer evaseram. Cassian (vgl. Index von Petschenig s. v. „condicio-

nalium enuntiatorum forma") 2mal potuerat im Nachsatze N 2, 6, 5.
3, 9, 1; ferner 7, 20, 2 quod ipse non habuerat, nisi accepisset
alienum; ib. non insanus Petrus creditus fuerat aut . . Paulus, si
quibuscumque dixissent; C 16, 19, 1 aliud quoque, profanum
tristitiae genus est, quod dignum commemoratione non fuerat,
nisi id a nonnullis fratribus sciremus admitti; 23, 12, 5 malum
enim fuerat, si concessae libertatis beneficium revocasset. Ein
drittes Beispiel mit potuerant in der Apodosis habe ich nach
älteren Aufzeichnungen im 5. Buche de inc. Chr. gefunden: nulli
potuerant esse salvi, nisi fuissent adventu domini . . . salvati.
Vincent. Lerin. common. 12 non suffecerat ad custodiam tra-
ditae semel fidei humanae conditionis commemorasse naturam,
nisi angelicam quoque excellentiam comprehendisset. Salvian
beschränkt sich keineswegs auf posse und esse. Gub. d. 2, 15
ubi non gravaverat, nisi multasset; 4, 42 nihil fecerat, nisi habuisset;
4, 47 fecerat, si fecisset; 7, 26 etiamsi tradidisset, toleraverat;
7, 47 quis non irrisus fuerat, si putasset; 7, 85 minime mirum
fuerat, si . . . Apollinaris Sidonius nach dem Index der
neuen Ausgabe p. 70, 10 conceperas, si . . vidisses; 80, 23 dede-
rant, si non dedissent; 138, 9 si pudoris nostri fecisses utcumque
rationem, Symmachianum illud te cogitare par fuerat; dazu 4, 25
nach der Ausgabe von Baret: etiamsi fuisset, transierat. Faustus
nach dem Index von Engelbrecht p. 302, 19, nisi Ioseph ... vendi-
dissent . . defecerat Aegyptus — nisi Christum Iudaei crucifixerint,
perierat mundus. 393, 18 quia si illa fuisset vera, permanserat,
et si fuisset mutua, mutata non fuerat. 412, 1 nisi ... cogitassem,
portitorem ad te remiseram; nach früherer Lektüre füge ich aus
ep. 6 hinzu: recte dixeras, si de sola trinitate dixisses. Avitus
ep. 50, 13 debuerat, si petisset und 89, 2 nisi frequenter vota
communia peccatorum impedirentur obiectu, iussioni consuetudi-
nariae caritatis solito volueram parere servitio. Gregor von
Tours nach dem Index 214, 1 si fas fuisset, angelum evocaveram
330, 31 si de stirpe nostra fuisset, ad me utique fuerat depor-
tatus 811, 16 si tibi vita superstis esset, eruere potueras; 413, 2
in quo excidio et ego ipse interieram, si me viriliter defendere
nequivissim. Aus Fredegar endlich habe ich anzuführen: p. 148, 15
paene fuerat exinde nimia multorum estragiis, nisi, paciencia Chlo-
thariae interveniente semul et haec currente, fuisset repraesum.

So beliebt dieser Gebrauch in Italien und Gallien war,
so wenig verbreitet war er in Afrika. Aus Tertullian kenne

ich nur ad ux. 2, 2 p. 685 (Oehler) quod si de fidelium tantum
matrimonio pronuntiasset absolute, permiserat sanctis vulgo nubere.
Si vero permiserat, numquam tam diversam atque contrariam pro-
missui suo pronuntiationem subdidisset dicens; idol. 21 etiamsi
non per eundem retorsisset maledictum nec per ullum Iovis similem,
confirmaverat Iovem deum. Das einzige Beispiel aus Cyprian
p. 732, 14 eiciendi fuerant und Pseudocypr. 206, 20 faciendum
fuerat ist schon erwähnt. Arnobius hat (wie auch Tertullian)
zwar das konditional verschobene Plusquamperfektum neben dem
Indikativ der Protasis p. 282, 25 si non sunt protecti, non debuerant, sonst aber nicht. August. c. d. I. p 169, 2 quae quidem
si dea esset, multis fuerat praeferenda; 191, 17 qualia si aliqua
terrena civitas decrevisset, genere humano decernente fuerat evertenda; Conf. 9, 2, 3 et ego premendus remanseram, nisi patientia
succederet. Optatus p. 74, 1 pro quibus, si apostolum audiret,
cotidie rogare debuerat; 101, 11 recte dictum erat, si talem famam
similis veritas sequeretur; 109, 3 cuius doctrina, nisi in Nicaeno
concilio a trecentis decem et octo episcopis dissiparetur, pectora
multorum sicut cancer intraverat; 124, 8 cum lavaret pedes disci-
pulis suis, tacentibus ceteris si taceret et Petrus, solam fecerat
formam. Aus dem Anhang zu Optatus in den Gesta apud
Zenophilum p. 187, 18 mortuus fueras, si non illas invenisses.
Mart. Capella nur 236, 9 Taurus paene mediatenus orbis conscius, quem peragrarat, nisi maria restitissent. Corippus nach
dem Index von Partsch Joh. 1, 337 Phaëthon succenderat omnia,
ni . . disiunxisset.

Foth hat a. a. O., p. 275 einige Beispiele des konditionalen
Plusq. auch im Vordersatze des Bedingungssatzes angeführt, nämlich Cic. div. 2, 20 at id neque, si fatum fuerat, effugisset nec,
si non fuerat, in eum casum incidisset. Lucifer p. 97 non, in-
quam, si haec scripta inveneras, auderes ad tantam provocare nos
inhumanitatem; p. 145 si deliquisse eum in te in aliquo videras,
dimittendum ei fuerat illico a te. Diesen jedenfalls seltenen Gebrauch verfolge ich nicht weiter. Ich betone nur, dafs aufser
bei den Verben des Könnens und Müssens das Plusq. auch hier
seine ursprüngliche Bedeutung eines in der Vergangenheit vollendet
vorliegenden Zustandes bewahrt, und dafs eine Beziehung, meist
auf das Folgende, leicht zu erkennen ist. Bei den Verben des
Könnens und Müssens aber, bei esse und habere, wo es in dieser
Verbindung vorkommt, da liegt dieselbe Verschiebung vor, die wir

auch aufserhalb jener Verbindung erkannt haben. Aber die Sprache ist bei dieser einen Verschiebung nicht stehen geblieben. Nach Foth's interessanten Ausführungen ist aus diesem Sprachgebrauch ein romanisches Conditionale des Präsens hervorgegangen (p. 273 ff.), welches im Spanischen, Portugiesischen, Altitalienischen (heute nur noch fora) erhalten ist. Allerdings in den frühesten Denkmälern des Spanischen und zum grofsen Teil auch des Provençalischen erscheint das Plusq. noch meist als Conditionale Praeteriti im Nachsatz einer hypothetischen Periode, genau wie im Latein, während diese zweite, nach Foth's Urteil zumeist erst innerhalb der romanischen Sprachen eingetretene Verschiebung in den ältesten Denkmälern des Italienischen schon durchgedrungen ist. Wenn nun die genannte Verschiebung im Altspanischen fast nur von esse und habere vorkommt, die dann aber in Verbindung mit Part. Perf. Pass. als Ganzes doch wieder ein Conditionale Praet. ergeben, wenn dann im Provençalischen dem esse und habere sich mit Entschiedenheit die anderen Modusverba, posse, debere u. a., beigesellen und die Verschiebung erst später auch die übrigen Verba ergreift, so sehen wir dieselben Verba bei der romanischen Verschiebung eine führende Rolle spielen, die auch bei der ersten, auf lateinischem Boden entstandenen Verschiebung vorangegangen sind.

§ 16. Spuren sonstiger Verschiebung des Plusquamperfekts.

Zuletzt haben wir uns noch mit der Frage zu beschäftigen, ob das lat. Plusq. auch aufserhalb der von uns bezeichneten Grenzen ins Präteritum verschoben worden ist. Denn, wie Kap. 1 § 2 nach Foth p. 297 ausführlicher dargestellt ist, ist das lat. Ind. Plusq. im Romanischen allgemein verschoben ins Präteritum, unter welchem Namen Impf. und Perf. zusammengefafst werden. So findet es sich in der alten Litteratur sämtlicher romanischen Sprachen, mit Ausnahme des Rätoromanischen und Walachischen, von denen wir keine alten Denkmäler besitzen. Im Spanischen und Portugiesischen hat es seine alte Plusquamperfektbedeutung bewahrt und erscheint nur vereinzelt als Präteritum; im Italienischen ist es nur von dem Verbum esse zu belegen; die gröfste Ausdehnung hat es im Provençalischen und im Französischen erlangt, aber bis auf heute erhalten ist es nirgends aufser im Portugiesischen, vereinzelt im Spanischen und vielleicht hier und da in Dialekten.

Dafs aufserhalb der von uns beschriebenen Grenzen weder

im alten, noch im klassischen, noch im silbernen Latein eine Verschiebung eingetreten ist, hat sich im Verlaufe der Untersuchung
gezeigt. Es beruht auf falscher Auffassung, wenn Dräger und
andere auch sonst noch Plusquamperfektum pro Perf. oder Impf.
wollen gefunden haben. Von Properz behauptet dies Spindler[1].
Er meint: narrationem si noster diligentius persequitur . . . facta
ita disponit, ut tempus, quo is, qui illa memoriae prodidit, vixit,
pro perfecto sit, ea vero, quae hic prodidit quaeque ipse poëta
repetit, ante illud tempus, id est, in tempore plusquamperfecto
sint. Hierzu als erstes Beispiel 1, 15, 10 ff. at non sic Ithaci
digressu mota Calypso desertis olim fleverat aequoribus: multos
illa dies incomptis maesta capillis sederat, iniusto multa locuta
salo, et quamvis numquam post haec visura dolebat illa tamen
longae conscia laetitiae. Aber offenbar ist hier rhetorisches Plusq.
mit Beziehung auf dolebat zu erkennen; noch weniger erfährt
natürlich das verschobene fuerat, das die Elegiker im Anschluſs
an die Vulgärsprache sich gestattet haben, durch obige Erklärung
eine befriedigende Deutung. Zu eigentümlich poetischer Wirkung
gelangt das rhet. Plusq. an Stellen wie 2, 8, 30 Achilles cessare
in thecis pertulit arma sua. Viderat ille fuga stratos in littore
Achivos, fervere et Hectorea Dorica castra face, viderat informem
multa Patroclon arena porrectum et sparsas caede iacere comas,
omnia formosam propter Briseida passus: tantus in erepto saevit
amore dolor. Der Dichter sieht im Geiste das Bild des um den
Patroclus trauernden Achilles. Auf dieses in der Vergangenheit
liegende Bild, das durch ein Imperfekt dargestellt werden müſste,
ist das doppelte viderat bezogen. Erst nach Vers 36 tantus etc.
fährt Properz fort: at postquam sera captivast reddita poena,
fortem idem Haemoniis Hectora Traxit equis. Auch in Stellen
wie 3, 24, 23 Callisto Arcadios erraverat ursa per agros: haec
nocturna suo sidere vela regit ist eine Beziehung auf ein aus
dem Zusammenhang sich ergebendes Perfektum (bevor sie an den
Himmel versetzt wurde) offenbar anzunehmen. Dagegen kann ich
3, 29, 7 atque aram circum steterant armenta Myronis (vgl. auch
4, 17, 15) keine Beziehung erkennen, noch vermag ich eine Erklärung des Plusq. zu geben, um so weniger, als auch stabant in
den Vers passen würde. Sonst aber ist die Verschiebung auf die
von fuerat beschränkt.

---

[1] Syntaxcos Propertianae capita duo. Diss., Marburg 1888, p. 11 f.

Und selbst die meisten Schriftsteller des Spätlateins bewegen
sich in den alten Bahnen. Was Hassenstein a. a. O. p. 51 f. für
Ammian als Verschiebung bezeichnet, ist, wie wir oben gesehen
haben, meist entweder rhetorisches Plusq., oder nach dem Muster
von potuerat verschobenes decuerat. Eine dem A m m i a n eigentümliche Verschiebung ist die von vixerat 21, 16, 7 quod nec
spuisse . . . visus est, ne pomorum quidquam, quoad vixerat,
gustaverit, ut dicta saepius praetermitto. 17, 4, 3 Cambyses, quoad
vixerat, alieni cupidus; dasselbe 16, 10, 8. 30, 1, 2. Aufserdem scheint
das Plusq. falsch gebraucht 14, 5, 6 unde admissum est facinus
impium, quod Constanti tempus nota inusserat sempiterna und
16, 8, 8 tunc illud apud Aquitanos evenit, quod latior fama vulgarat. Doch halte ich auch diese beiden Fälle nur für über-
triebene Anwendung des rhet. Plusq.; 22, 2, 2 aber sequentibus,
quos duxerat, cunctis wird heifsen : an deren Spitze er als Feld-
herr gestanden hatte; jetzt war er König. Dafs bei L u c i f e r
vielfach die der klassischen Sprache eigentümliche Feinheit in der
Anwendung der verschiedenen Tempora vermifst wird, hat Hartel
(Archiv III, p. 54) vornehmlich an dem Beisqiel von potueram
gezeigt. Auch sonst erscheint das Plusq. nicht in der ihm zu-
kommenden Verwendung, wofür ich nach Foth p. 325 einige Beispiele anführe. pro. S. Athan. 86 quid te Arianorum Iudaeorum
imitatorem delectaverat, Constanti, ut . . . fuisses eosdem secutus?
92 sed talem te circa eum futurum olim spiritus sanctus ostenderat. 131 quid intervenerat, ut non facie ad faciem illum
vidissemus?

Auch aus des E u g i p p i u s vita Severini führt der Index von
Knöll angeblich verschobenes Plusq. an. Aber 5, 17 sicut ipse
clauso sermone tamquam de alio aliquo referre s o l i t u s e r a t
haben wir eine seit klassischer Zeit gebräuchliche Verwendung
des Plusq. von solere, das wohl nach der Analogie von consueverat
gebildet ist. So schon Cic. ac. post. 1, 17 coetus e r a n t et sermones
habere s o l i t i. Bell. Alex. 32 erant soliti. B. Hisp. 13. Sall. Cat.
23, 4. 47, 2. 50, 2. Iug. 4, 7. 70, 2. Liv. 7, 15, 13. 7, 28, 3.
26, 25, 7 und öfter (7, 41, 1 auch solitus esset). Seneca benef.
5, 6, 5. Justin 23, 1, 8. 6, 2, 11. Gellius 2, 6, 3. 3, 16, 4. 7, 13, 12.
Oros. ap. 7, 1 und öfter. Victor Vit. 43, 6. Sulp. Sev. V. S. M. 7, 6.
Cassian I. 7, 17, 6. 10, 17. Gregor v. Tours hist. Fr. p. 138, 13.
149, 4. 169, 1. Ven. Fortun. op. ped. p. 16, 23. 26, 25. 91, 22.
Oft bei Fulg. Myth. u. s. w. Ebensowenig gehört c r e d i d e r a n t

15, 14 und 34, 8 in den Rahmen unserer Verschiebung. Credidi hat schon im klassischen Latein die Bedeutung ich glaube, wie Hor. Carm. 3, 5, 1 coelo tonantem credidimus Iovem regnare. Oft schreibt Livius credideram, wie 2, 18, 9 Sabinis etiam creatus Romae dictator eo magis, quod propter se creatum crediderant, metum incussit, wo Weifsenborn und Müller nicht weniger als 7 Parallelstellen aus Livius anführen. Öfter haben dies die Kirchenschriftsteller. Eugippius 30, 10 ostenderant und 35, 6 susceperat beziehen sich auf das Folgende. Nur 37, 18 rogabat doctor piissimus, ut . . . captivos, quos sui tenuerant, gratanter absolveret läfst sich als Verschiebung auffassen = ceperant.

Dagegen tritt die Verschiebung bei Fulgentius dem Mythologen hervor, bei dem überhaupt alle temporalen Unterschiede zu verschwinden scheinen. Zink[1]) sagt p. 47: „Überhaupt werden Präs. hist., Impf., Perf. und Plusq. ganz gleichheitlich und gleichbedeutend gebraucht. Man vgl. Myth. p. 609 ubi me bell. viduavit incursus, Alex. conciliabula urbis possederam (= possedi), und weiter: enerves sensus aut satira luseram (statt ludebam, wie denn auch in den folgenden Satzteilen delectabam, mulcebam und condibam folgen). Die Verschiebung zeigen ferner von den im Index zu Jordanis enthaltenen Stellen abgesehen von 44, 13 potuerat auch 6, 31 paucis diebus fuerat Zacharias rursusque Sellum, quibus successerat Maneae und 13, 6 qua superbia sic respondit, ut senserant tamen. Die meisten von den im Index zu Corippus angegebenen Stellen enthalten fuerat. nicht weniger als 8mal, eine debueras. Es bleiben Joh. 1, 177 haec Priami sedes; domus haec Aeneia, longe arboribus quae saepta iacet. hic saevus Achilles traxerat Hectoreum curru rapiente cadaver. Demoleum hoc victor prostravit litore magnum Aeneas proavus. Wenn man dem Corippus dies feine Gefühl für die Unterschiede der Tempora zutrauen kann, so möchte ich diese Stelle wie die oben aus dem Properz angeführten erklären. Der Dichter sieht eine Scene aus dem trojanischen Kriege vor sich: Achilles in seinem Zelte, neben ihm die Leiche des Hector, er hatte sie um die Mauern geschleift. Schwieriger ist es, eine solche Beziehung 3, 181 quantos truncaverat hostes zu finden; aber 3, 185 regnaque centeno properans iam fregerat anno und 3, 319 truncabas — necatas — te . . . miro spectabat amore, te

---

1) Der Mytholog Fulgentius. Würzburg 1867.

Antenti saevos mactantem viderat hostes . tunc facta est nostrae requies pinguissima terrae, non bellum . . . subit scheint mir deutlich rhet. Plusq. mit Beziehung auf das Folgende vorzuliegen. Wie endlich in der von romanischem Einfluſs durchdrungenen Urkundenlitteratur die Verschiebung grassiert, hat Foth p. 326 gezeigt, dem ich zum Schluſs dieses Kapitels einige Beispiele entnehme aus Muratori antiqua Ital. II p. 798: predicto monasterio iudicavit . . . et testibus productis in eorum praesencia R. suam voluntatem ostenderat. De testamento . . . reddiderunt testimonium. 9, 63 O detestandas, quas heri sumsimus escas! o vinum quod Pannonias destruxerat omnes! — Waltharius, lux Pannoniae, discesserat inde, Hildegunde mihi caram deduxit alumnam u. s. w.

II. Kapitel.

Der Konjunktiv des Plusquamperfekts.

§ 1. Voraussetzungen.

Wir gehen von der Annahme aus, dafs, wie der Konj. Impf. dem Ind. Impf., so der Konj. Plusq. dem Ind. Plusq. ursprünglich überall seiner Bedeutung nach entsprochen habe. Während also der Konj. Impf. überall eine Handlung bezeichnete, die in der Vergangenheit in der Entwickelung begriffen sein konnte, mochte, sollte, bezeichnete der Konj. Plusq. eine Handlung, die in der Vergangenheit vollendet sein konnte, mochte; die andere Bedeutung eines Iussivus Praeteriti hat thatsächlich im alten Latein nur der Konj. Impf. und nicht der Konj. Plusq.

Nun hat aber in Bedingungs- und Wunschsätzen der Konj. Impf. schon im Altlatein seine präteritale Geltung eingebüfst und ist zum Irrealis der Gegenwart geworden; aber eine verhältnismäfsig grofse Anzahl von Stellen zeigt im Gegensatz zum klassischen Latein noch die von uns angenommene ursprünglich präteritale Bedeutung auch in Bedingungs- und Wunschsätzen[1]); und so erscheint im Altlatein in solchen auf die Vergangenheit bezogenen Bedingungen und Wünschen der Konj. Impf. noch als Konkurrent des Konj. Plusq., während dieser im klassischen und Spätlatein — von dem afrikanischen abgesehen — fast alleinherrschend geworden ist. Der Konj. Perf. kommt bei diesem Vergleich wegen seiner Beziehung zur Gegenwart nicht in Betracht.

---

[1]) Vgl. meine Dissertation: De modorum temporumque in enuntiatis condicionalibus latinis permutatione, Strafsburg 1885, Kap. 1, sowie Gesch. des Irrealis, Kap. 1.

So lange nun beide Konjunktive nebeneinander gebraucht
wurden in ihrer ursprünglichen Bedeutung, mußte diese Bedeutung der Vollendung in der Vergangenheit in aller Schärfe empfunden werden; sobald aber der Konj. Impf. in jenen Sätzen ein
Irrealis der Gegenwart geworden war und nicht mehr konkurrierte,
wurde allmählich die in der Form liegende Bedeutung der Vollendung bei mangelndem Gegensatze nicht mehr so scharf empfunden, und der Konj. Plusq. wurde, gleich unserem Konj. Plusq.,
in den genannten Satzarten ein Konjunktiv einfach des Präteritums
ohne Hervorhebung der Vollendung. Diese Betrachtung erklärt
einen von vornherein vorhandenen syntaktischen Unterschied zwischen Ind. und Konj. Plusq. Wir fanden, daſs der Indikativ regelrecht im Zusammenhang der Rede als bezogen auf eine andere
ausgesprochene oder gedachte Handlung der Vergangenheit gefaſst
werden muſs, mag diese Handlung dem Plusq. vorausgehen oder
ihm folgen; daſs ein sogenanntes absolutes Plusquamperfekt nicht
vorhanden ist, man müſste denn das Plusq. im Nachsatz des konjunktivischen Bedingungssatzes so nennen wollen. Dagegen er-
kannten wir in dem Gebrauch von fuerat, der Verba des Könnens
und Müssens und bald auch von habuerat eine Tempusverschiebung. Anders der Konj. Plusq. Auſserhalb der Bedingungs- und
Wunschsätze zwar ist überall die Beziehung der Vorvergangenheit
leicht zu erkennen. In diesen aber ist mit der Verschiebung des
Konj. Impf. zum Irrealis der Gegenwart der Konj. Plusq. an seine
Stelle getreten; und so zeigt sich der Konj. Plusq. in Bedingungssätzen von der Form si habuissem, dedissem, oder si haberem,
dedissem, oder si habuissem, darem — letzteres in dem Falle,
daſs darem Irrealis der Gegenwart ist — zwar nicht ohne Beziehung zu seiner temporalen Umgebung, wohl aber ohne Beziehung
auf eine andere Handlung der Vergangenheit, vor welcher es als
vorausgehend gedacht wäre. Dies wird übrigens ein Blick auf
folgende Beispiele verdeutlichen. Plautus Trin. 170 lupus obser-
vavit, dum dormitaret canes: gregem univorsum voluit totum avor-
tere. ✳ fecisset edepol, ni haec praesensisset canes. Trin. 926
quid ergo ille ignavissumus mi latitabat? ✳ si adpellasses, respon-
disset nomini. Pseud. 3 si ex te tacente fieri possem certior . . .
duorum labori ego hominum parsissem lubens. As. 396 (post
non rediit?) argenti viginti minas, si adesset, accepisset. Mil. 1308
amoris causa hercle hoc ego oculo utor minus: nam si abstinuissem
amorem, tamquam hoc uterer.

§ 2. Erste Spuren der Verschiebung.

Die Verschiebung des Konj. Plusq. geht keineswegs der des Indikativs parallel. Wir rufen uns zunächst ins Gedächtnis zurück, dafs der Konj. Plusq. in fast allen romanischen Sprachen zum Konj. Impf. verschoben ist, während die Verschiebung des Indikativus zum Conditionale des Präsens nur im Altfranzösischen und Provençalischen erfolgt ist. Während aber nun, wie nachgewiesen, fueram schon im Altlatein zur Bedeutung eines einfachen Präteritums verschoben war, findet sich von einer Verschiebung von fuissem im Altlatein und im klassischen Latein kaum eine Spur. Von einem wirklich verschobenen fuissem neben Part. Perf. Pass. oder den Participia Futuri ist im Altlatein nichts zu entdecken, obwohl der Konj. Plusq. Pass. doch sehr viel häufiger vorkommt als der Indikativ, in Bedingungssätzen bei Plautus zum Beispiel ·nicht weniger als neunmal. An 2 Stellen des Altlateins hat allerdings Brehme a. a. O. p. 12 laxe Verwendung gefunden. Mil. 719 pol si habuissem, satis cepissem miseriarum e liberis. continuo excruciarer animi: si ei forte fuisset febris, censerem emori: cecidissetve ebrius aut de equo uspiam, metuerem ne ibi diffregisset crura aut cervices sibi. Logisch betrachtet müfste man allerdings hier esset erwarten, einerlei, ob man den Nachsatz als Irrealis der Gegenwart, oder, wie ich thue, als Potential des Präteritums auffafst. Doch scheint mir nicht notwendig, hier eine der vulgären Verschiebung von fuerat analoge anzunehmen. Vielmehr scheint hier derselbe Fall vorzuliegen wie bei obvius fuerat, das wir auf eine Kombinationsausgleichung mit obviam venerat zurückgeführt haben; so mag auch hier febris accessisset oder corripuisset, das vorschwebte, Veranlassung zu dem ungenauen fuisset gewesen sein. Die andere Stelle steht bei Cato or. rel. (Jordan) 57, 1: sed nisi qui palam corpore pecuniam quaereret aut se lenoni locavisset, etsi famosus et suspitiosus fuisset, vim in corpus liberum non aecum censuere adferri. Möglicherweise ist auch hier psychologisch zu erklären, dafs ein irrealer Bedingungssatz im Präteritum vorschwebte: Sie hätten das auch in dem Falle nicht gethan, wenn . . .

Auch in den Schriftstellern der klassischen und augusteischen Zeit begegnen nur dürftige Spuren eines laxen Gebrauchs des Konj. Plusq., die nicht ausreichend sind, eine Ausdehnung der Verschiebung des Konj. in der Volkssprache anzunehmen, die der

des Indikativs von fueram u. a. entspräche. Foth zwar meint
p. 311: „Schon im klassischen Latein findet sich bisweilen unser
Tempus da, wo man sonst ein Imperfektum zu finden gewohnt
ist, nämlich in Absichts- und Folgesätzen". Hierzu wird citiert
Verr. 4, 54 posteaquam tantam multitudinem collegerat, ut ne
unum quidem cuidam reliquisset, instituit officinam (= reliquum
esset). Aber etwas Unregelmäfsiges, der Natur des Plusquamperfekts Widersprechendes ist dies zunächst für die Folgesätze nicht[1]).
Kühner, § 181. 4b. A. 2, sagt richtig: Der Konj. Plusq. findet
sich in Folgesätzen u. ä. nur dann, wenn dieselben sich nicht
auf die Zeit des unmittelbar vorausgehenden übergeordneten Nebensatzes, sondern auf die des Hauptsatzes beziehen, oder wenn sie
ein bereits vor dem Eintritte des im Hauptsatze Ausgesagten
vollendetes Ereignis bezeichnen sollen.

So finden wir den Konj. gebraucht: Cic. de or. 1, 26 ut nihil
incidisset; Nepos 25, 21, 1 ut indiguisset; Liv. 1, 2, 5 ut implesset;
Cic. Sest. 32 nullum erat Italiae municipium . . . quod tum non
honorificentissime de mea salute decrevisset; Verr. 3, 29 nemo
[erat] decumanorum, qui grano amplius, quam sibi deberetur,
deberi professus esset. Quintil. 10, 1, 115 multum ingenii in
Caelio et praecipue in accusando multa urbanitas dignusque vir,
cui et mens melior et vita longior contigisset. Kühner erklärt:
„dafs ihm beschieden war, das contingere ist als dem dignum
esse vorangehend zu denken". Aber logisch ist das nicht gedacht.
Dignus cui contingeret liefse allerdings dem Gedanken Raum, dafs
ihm in Wirklichkeit kein langes Leben beschieden gewesen sei;
contigerit könnte ebenfalls einen Gedanken an die Zukunft enthalten, und so ist um der Deutlichkeit willen, um ein Abirren
des Gedankens von der Vergangenheit zu verhüten, das logisch
falsche Plusq. gewählt. Hier mag auch Plaut. Amph. 745 quippe
qui ex te audivi, ut urbem maxumam expugnavisses regemque
Pterelam tute occideris erwähnt werden, zu welcher Stelle Wirtzfeld[2]) p. 27 f. zweierlei Erklärungsversuche mit Recht zurückweist,
einmal die Meinung von Brix, als sei expugnavisses aus metrischen
Gründen gesetzt, während doch nichts den Dichter hinderte, ex-

---

[1]) Hierüber hat gehandelt Kramarczik, Die Lehre von der Consecutio
Temporum. Progr., Heiligenstadt 1855, § 42. — Vgl. auch Wetzel, Bei-
träge zur Lehre von der Cons. Tempp. im Lat., p. 2 f.

[2]) De consecutione temporum Plautina et Terentiana. Diss. von Münster
1888.

pugnaveris zu schreiben; und zweitens die Ansicht von Wetzel, expugnavisses sei vorzeitig zu occideris, weil sie den aus v. 252—260 hervorgehenden Thatsachen widerspricht. Wenn Wirtzfeld nun zu dem Schlusse kommt, es müsse die Umgangssprache den Konj. Perf. gleich dem Konj. Plusq. gebraucht haben, so kann ich dem nicht beistimmen. Die freie Nebeneinanderstellung der beiden Konjunktive erklärt sich m. E. auf dieselbe Weise, wie in Kap. 1, § 4 die Nebeneinanderstellung des Ind. Plusq. und Perf. in einer Reihe von Fällen gedeutet worden ist. Mit Recht sind hierher von Kühner auch zwei vielbehandelte Stellen gezogen: Cic. Sulla 13 uterque nostrum id sibi suscipiendum putavit, de quo aliquid scire ipse atque existimare potuisset; Rosc. Am. 65 nemo putabat quemquam esse, qui, quom omnia divina atque humana iura scelere nefario polluisset, somnum statim capere potuisset. An beiden Stellen hat man potuisset in posset oder potisset ändern wollen. Allein an der ersten Stelle lehrt ein Blick auf den Zusammenhang, namentlich den § 12 vorausgehenden Satz: Illius igitur coniurationis, quae facta contra vos, delata ad vos, a vobis prolata esse dicitur, ego testis esse non potui, dafs Cicero hat sagen wollen: worüber er damals etwas hatte wissen können, vor der Anklage, mit ausdrücklicher Anlehnung an das vorhergehende non potui. Über die der zweiten Stelle gewidmeten Erklärungsversuche verweise ich auf die reichhaltige Anmerkung Landgraf's in seiner Ausgabe. Ich hebe mit Landgraf den ersten Teil der Luterbacher'schen Verteidigung der Stelle (IX. Jahresbericht des Phil. Vereins, p. 19) hervor: „potuisset verdient den Vorzug, da es auf die für die Richter entscheidende Thatsache Bezug nimmt, dafs die Angeklagten wirklich geschlafen hatten". Unterstützend tritt, wie Landgraf mit Recht bemerkt, für Cicero als Veranlassung, das Plusq. zu setzen und nicht das Impf., die Neigung zu Paronomasien gerade in dieser Rede hinzu. Ähnliche Stellen, an denen ebensowenig von Verschiebung die Rede sein kann wie an den besprochenen, bringen Kramarczik und Wetzel an den angeführten Stellen. Dagegen ist die von Foth nach Wex angeführte Stelle: Cic. Top. 44 von Friedrich athetiert. Inwieweit hier auch eine gewisse Attraktion der Tempora und Modi hineinspielen kann, ist aus Dräger I², p. 319 zu entnehmen.

Ebensowenig ist in Finalsätzen der Konj. Plusq. in klassischer und silberner Latinität irgendwie verschoben. Man sehe

z. B. Cic. Sest. 105 plausum vero etiamsi quis eorum aliquando acceperat, ne quid peccasset, pertimescebat. Att. 13, 45 1 ne committeret, ut frustra . . . properasset. Liv. 21, 33, 9 deinde, postquam interrumpi agmen vidit periculumque esse, ne exutum impedimentis exercitum nequiquam incolumem traduxisset, decurrit ex superiore loco. Weitere Beispiele bringen Weifsenborn und Müller zu dieser Stelle und Kramarczik a. a. O. Überall soll die Vollendung der Handlung hervorgehoben werden. Wollte man den Konj. Impf. einsetzen, so würde sogar die Klarheit des Gedankens Einbufse erleiden. Plin. pan. 28 nullam congiario culpam, nullam alimentis crudelitatem redemisti, nec tibi bene faciendi fuit causa, ut quae male feceras inpune fecisses = um gethan zu haben; ib. 40 tu tamen subvenisti, cavistique ut desineret quisque debere quod non esset postea debiturus, id est effecisti, ne malos principes habuissemus. Kramarczik erklärt = „habuisse videremur: d. h. du hast durch deine Fürsorge erstrebt, dafs wir nicht mehr scheinen sollten schlechte Fürsorge gehabt zu haben, oder dafs die Wirksamkeit der schlechten Fürsten verwischt würde und ihre Spuren verschwänden. Auf die Ungewöhnlichkeit des Gedankens und somit des Ausdrucks bereiten schon die Worte in praeteritum subvenire vor". Unzweifelhaft wird dadurch bewiesen, dafs die Absicht war, die Thätigkeit des efficere als sich auf die Vergangenheit erstreckend darzustellen, und diese Absicht wäre durch den Konj. Impf. nicht deutlich geworden. Ebenso bei Tac. Agr. 6 tum electus a Galba ad dona templorum recognoscenda diligentissima conquisitione effecit, ne cuius alterius sacrilegium res publica quam Neronis sensisset. Auffällig und rhetorisch ist auch das, aber auch hier ist das Plusq. seiner ursprünglichen Bedeutung der in der Vergangenheit vollendeten Handlung treugeblieben. Hiernach ist, was ich Gesch. des Irrealis p. 36 hierüber gesagt habe, zu korrigieren.

An einigen Stellen sucht Foth p. 313 ff. auffälligen Gebrauch des Plusq. durch Annahme der von uns schon im ersten Kapitel bestrittenen Inchoativbedeutung zu erklären. Zu Cic. Cat. 2, 13 cum ille homo audacissimus conscientia convictus reticuisset, patefeci meint er: „Das Plusq. läfst sich nur erklären, wenn man zu reticuisset den Imperfektstamm reticere in der Bedeutung «stille werden» annimmt, dessen Perfektstamm dann die Bedeutung «stille geworden sein = schweigen» erhält". Mir scheint es viel natürlicher, reticui hier und an anderen Stellen als Perfekt zu dem Inchoativ reticesco zu fassen, wenn auch dies zufälligerweise erst

im Spätlatein bezeugt ist. Da ich über diese Hypothese schon im
1. Kapitel § 2 gehandelt habe, so brauche ich hier nur einige
Stellen zu berühren, wo nach Foth die Bedeutung des Werdens
in Formen, die vom Stamme fu abgeleitet sind, noch deutlich zu
erkennen sein soll. Plaut. Rud. 1078 sed isti inest cistellula huius
mulieris, quam dudum dixi fuisse liberam soll fuisse heifsen: „frei
geworden, frei geboren sein und infolge davon frei sein, nicht
= frei gewesen sein, was involvieren würde, dafs sie jetzt nicht
mehr frei sei". Indessen ist sie doch thatsächlich die Sklavin des
Leno gewesen, und mit Beziehung darauf konnte es heifsen: fuit
libera. Weiter werden wir auf Cicero Verr. 2, 99 verwiesen: cur
Sthenio non putasti prodesse oportere, cum eius accusator non
affuisset und kurz vorher ne tu ex reis eximerere, si ego non
affuissem. In der letzten Stelle aber ist offenbar affuissem der
Konj. des zweiten Futurums, direktem si ego non affuero, eximetur
entsprechend. Wenn dies schon eine Verschiebung ist, so liegt doch
der Grund darin, dafs man eben fuero im Nebensatze zu Futurum I
gerne setzte, und die wenig zahlreichen Stellen dieser Art müssen
für sich betrachtet werden. Das andere Beispiel ist nicht mit
Foth zu erklären : „da er nicht zugegen geworden war und also
nicht anwesend war", sondern mit Hinweis auf das § 98 vorhergehende accusator non affuit und den folgenden Satz: itaque fecit,
ut exitus principis simillimus reperiretur; quem absentem reum
fecerat, eum absente accusatore condemnat = er war nicht zugegen gewesen, bevor er ihn verurteilte.

Andere Beispiele bespricht M a d v i g zu Cic. fin. 2, 54 qui
cum praetor quaestionem inter sicarios exercuisset, ita aperte cepit
pecunias ob rem iudicandam, ut proximo anno P. Scaevola tribunus
plebis ferret ad plebem. Ohne Zweifel trifft Madvig den Nagel
auf den Kopf mit der Erklärung, dafs exercuisset nachlässigerweise
im Gedanken an den vorschwebenden Nachsatz geschrieben ist,
als wenn es hiefse: cum exercuisset et cepisset, legem Scaevola
tulit. Weiter werden angeführt: Cato M. 41 haec cum C. Pontio
— locutum Archytam Nearchus Tarentinus se a maioribus natu
accepisse dicebat, cum quidem ei sermoni interfuisset Plato. Nach
Madvig ist dies zwar unrichtig, aber durch Beziehung auf dicebat zu erklären, Wetzel läfst es sich a. a. O. p. 5 auf accepisse beziehen, was auf eins hinausläuft. Verr. 1, 23 demonstrat,
qua iste oratione usus esset; commemorasse istum, quam liberal-
liter eos tractasset et iam antea, cum ipse practuram petisset et

proxumis consularibus praetoriisque comitiis = Beziehung auf commemorasse. Liv. 38, 58, 9 ibi ne magnitudo et splendor legati laudibus consulis officeret, forte ita incidisse, ut, quo die ad Magnesiam signis collatis L. Scipio Antiochum devicisset, aeger P. Scipio Elaeae dierum aliquot via abesset. Hier mag ein direkter Satz vorgeschwebt haben, wie quo die devicit, incidit oder vielleicht auch quo die devicerat, aberat; devinceret wäre nicht deutlich genug gewesen. 42, 33, 3 id tantum deprecari, ne inferiores iis ordines, quam quos, cum militassent, habuissent, attribuerentur. Hier ist militassent ebenfalls auf attribuerentur bezogen, die Tempusgebung entspricht direktem cum militavimus, habuimus. Endlich 32, 26, 2 cum duos exercitus in provincia habuisset, unum retentum, quem dimitti oportebat, cui L. Cornelius proconsul praefuerat — ipse ei C. Helvium praetorem praefecit —, alterum, quem in provinciam adduxit, totum prope annum Cremonensibus Placentinisque cogendis redire in colonias, unde belli casibus dissipati erant, consumpsit. Madvig meint, dies Beispiel sei dem Ciceronianischen :fin. 2, 54 am ähnlichsten, aber ich finde hier keine mögliche Beziehung, die das Plusq. erklären könnte, und erkenne also hier eine wirkliche Tempusverschiebung. Und diese finde ich weiter auch bei Cic. leg. 2, 58 aram in eo loco fuisse memoriae proditum est; ad eam quom lamina esset inventa et in ea scriptum lamina: „Honoris“, ea causa fuit, ut aedis haec dedicaretur. Sed quom multa in eo loco sepulchra fuissent, exarata sunt. Fuissent ist offenbar unlogisch für essent gesetzt, denn erst durch das exarare verschwanden die Gräber. Ebenso findet sich falsches fuisset in einigen von Wetzel, Selbst. und bez. Gebrauch der Tempp. p. 47 angeführten Stellen: off. 1, 84 ut Callicratidas, qui cum Lacedaemoniorum dux fuisset Peloponnesiaco bello multaque fecisset egregie, vertit ad extremum omnia, cum consilio non paruit eorum, qui classem ab Arginusis removendam nec cum Atheniensibus dimicandum putabant; Att. 14, 1, 2 atque etiam proxime cum Sestii rogatu apud eum fuissem exspectaremque sedens, quoad vocarer, dixisse eum; in beiden Fällen verdankt das Plusquamperfekt seine Verwendung vorschwebendem direktem fuit. Dagegen ist de or. 3, 140 sic enim video, unam quandam omnium rerum . . . fuisse doctrinam; quam qui accepissent, si eidem ingenio ad pronuntiandum valuissent et se ad dicendum quoque non repugnante natura dedissent, eloquentia praestitisse vielleicht auf die Attraktion der umgebenden Tempora hinzuweisen, sicher aber auf den Sprachgebrauch der Lateiner, nach welchem, namentlich im Futurum (si potuero, si valuero, si voluero etc.), das Können, Wollen'etc. als vor der Handlung des regierenden Satzes schon vorhanden gedacht wird. Ein Beispiel lesen wir bei Caes. B. C. 3, 36, 2 cum ab eo 'milia passuum XX afuisset, subito se ad Cassium Longinum in Thessaliam convertit. Es müfste logisch adesset heifsen, weil er den Marsch änderte, als er soweit entfernt war; alle anderen Erklärungen genügen nicht. Hierher gehört auch Vergil Aen. 8, 205 at furiis Caci mens effera, ne quid inausum aut intractatum scelerisve dolive fuisset, quattuor a stabulis praestanti corpore tauros vertit. Bevor wir diese ersten Spuren weiter verfolgen, wollen wir erst eine Übersicht über die Verwendung von fuisset in eigentlicher oder verschobener Bedeutung neben dem Part. Perf. Pass. geben.

§ 3. Fuisset neben dem Participium Perfecti Passivi und Futuri.

Eine 'statistische Tabelle, die die Häufigkeit des Vorkommens von esset und fuisset neben dem Part. vergliche, würde auch hier den kürzesten und instruktivsten Überblick geben; da ich aber die mit esset gebildeten Plusquamperfekte nicht gezählt habe, so bin ich dazu aufser Stande und kann nur konstatieren, [dafs die Verwendung von fuisset mit der von fuerat keineswegs gleichen Schritt hält, dafs vielmehr die Vorherrschaft von fuisset vor esset in weit späterer Zeit durchdringt als die von fuerat. Denn während, um von dem vulgär schreibenden Vitruv abzusehen, für fuerat das Übergewicht etwa seit dem Jahre 200 feststeht, scheint dies für fuisset erst etwa seit dem Jahre 400 einzutreten. Ich lasse nun die Einzelbeobachtungen über diesen Sprachgebrauch, den ich Gesch. des Irr. p. 55 ff. nur gestreift habe, hier folgen.

Fuissem neben dem Partiz. findet sich meines Wissens zuerst bei Cicero. Rep. 1, 23 idque et tum factum esse et certis temporibus esse semper futurum, cum sol ita locatus fuisset, ut lunam suo lumine non posset attingere. Hier ist fuisset regelmäfsiger Vertreter für direktes fuero. Ebenso Arch. 4, 7 data est civitas Silvani lege et Carbonis, si qui (= iis qui) foederatis civitatibus ascripti fuissent, .. si sexaginta diebus apud praetorem essent professi, dem direkten qui ascriptus fuerit, si professus erit entsprechend. Die ihm zukommende eigentliche Bedeutung: gewesen wäre hat fuissem leg. 2, 5, 1 si minus quis cepisset, ne sacris alligaretur, ut post de eius heredibus aliquis exegisset pro sua parte id, quod ab eo, quoi ipse heres esset, praetermissum fuisset. So

auch nach Neue II p. 355 Verr. 4, 116 portum Syracusanorum,
qui tum (z. Zeit der Eroberung durch Marcellus) et nostris classi-
bus et Carthaginiensium clausus fuisset, eum isto praetore Cilicum
myoparoni praedonibusque patuisse. Sulla 91 designatus fuisset,
div. 2, 145 obsignata fuisset. Etwas anders liegt die Sache schon
top. 48 sunt enim alia contraria, quae privantia licet appellemus
Latine, Graeci appellant στερητικά. Praeposito enim in privatur
verbum ea vi, quam haberet, si in praepositum non fuisset. Der
Schriftsteller wollte praepositum esset nicht schreiben, da es einen
dem haberet gleichzeitigen Zustand ausdrücken müfste, sondern
wollte hervorheben, dafs das praeponere dem habere vorherging
== vorgesetzt worden wäre. Den Sinn „gewesen wäre" aber hat
fuisset hier nicht. Diese eigentliche Bedeutung finden wir noch
ad Q. fr. 3, 1, 8 eodem abste datae tempore (sc. litterae), una
pluribus verbis, in qua primum erat, quod antiquior dies in tuis
fuisset ascripta litteris quam in Caesaris. Völlige Gleicheit mit
essem nimmt Neue in Anspruch für Cluent. 81 postremo, etiamsi
absolutus fuisset, mearum tamen omnium fortunarum status inco-
lumis maneret. Mir scheint hier derselbe Fall vorzuliegen, wie
top. 48. Der Zusammenhang lehrt — ich verweise auf die präteritalen Konjunktive des Impf. in § 80 at tum si dicerem, non
audirer — quis tum auderet — quis tum posset —, dafs maneret
Potential des Präteritums ist. Absolutus essem würde heifsen
können: wenn er jetzt noch freigesprochen wäre, darum trat absolutus fuissem ein, welches aber nicht heifst „gewesen wäre", sondern „freigesprochen worden wäre". Ein sicheres Beispiel der
Vertauschung mit esset finde ich auch hier wiederum nur in den
Briefen ad Att. 2, 24, 3 addidit ad extremum, cum iam dimissa
contione revocatus a Vatinio fuisset, se audisse a Curione.
    Caesar und Sallust haben die Vertauschung nicht. Aber
sie begegnet wieder B. Afr. 11, 4 neque eam rem eos voluisse
scire, qui in praesidiis relicti [sui milites] fuissent 32, 3 partim,
quod ipsi maioresque eorum beneficio C. Mari usi fuissent, Cae-
saremque eius adfinem esse audiebant, in eius castra perfugere
catervatim [non intermittunt]. Ohne Unterschied von essem wird
es auch verwendet B. Hisp. 13, 1 et cum nostri equites pauci in
statione fuissent a pluribus reperti, de statione sunt deiecti 38, 3
Lusitanus more militari, cum a Caesaris praesidio fuisset conspectus, celeriter equitatu cohortibusque circumcluditur und 38, 4 quod
propter nos a nostro praesidio fuisset conspectus. Von Livius

habe ich früher behauptet, er gebrauche fuisset neben Part. Perf.
schon nicht selten; genauer wird man sagen, dafs er verschobenes
fuisset im Vergleich mit Cicero nicht selten gebraucht, selten aber
doch im Vergleich mit der Menge der von ihm mit essem gebildeten Tempusformen. Beispiele sind von Riemann a. a. O.
p. 223 ff. gesammelt. In unverschobener Bedeutung liest man es
30, 15, 6 memor ... duorum regum, quibus nupta fuisset 31, 25, 1
postero die cum primo clausae fuissent portae, deinde subito
apertae (sc. essent). Dagegen scheint an der folgenden Stelle Riemann mit Unrecht die unverschobene Bedeutung angenommen zu
haben, wie der Vergleich mit dem vorhergehenden instituta essent
lehrt: 31, 44, 5 plebes scivit, ut ... diesque festi, sacra, sacer-
dotes, quae ipsius maiorumve eius honoris causa instituta essent,
omnia profanarentur: loca quoque, in quibus positum aliquid in-
scriptumve, honoris eius causa fuisset, detestabilia esse, neque in
iis quicquam postea poni dedicarique placere. Deutlich ist der
Unterschied von esset wieder 31, 48, 7 ex duabus coloniis, quae
velut claustra ad cohibendos Gallicos tumultus oppositae fuissent,
cum una direpta et incensa esset. Ebenso 37, 25, 9. 44, 37, 4.
fragm. 1 91 consumptis priore aestate quae praeparata fuissent.
Zu 24, 11, 7 edixerunt ut, qui L. Aemilio C. Flaminio censoribus
milibus aeris quinquaginta ipse aut pater eius census fuisset usque
ad centum milia, aut cui postea tanta res esset facta, nautam
unum cum sex mensum stipendio daret, bemerkt richtig Riemann:
fuisset marque ici un passé plus reculé que esset; aber esset
wäre auch vollkommen deutlich gewesen, fuisset heifst nicht: wer
gewesen war und dann aufgehört hatte zu sein.

In verschobener Bedeutung dagegen lesen wir den Konj. 8,
13, 19 quid enim tandem passurum fuisse filium suum, si exercitum amisisset, si fusus, fugatus, castris exutus fuisset? 10, 38, 6
usi fuissent 27, 45, 3 datae fuissent 35, 36, 4 vocata fuisset
38, 45, 1 incohatae fuissent. Ich füge hinzu 7, 41, 6 huic infensi
milites erant, quod semper adversatus novis consiliis fuisset
7, 41, 8 aeque inpotens postulatum fuit, ut de stipendio equitum
... aera demerentur, quod adversati coniurationi fuissent 10, 46, 6
auctaque ea invidia est ad plebem, quod tributum etiam in stipendium militum conlatum est, cum, si spreta gloria fuisset, captivae
pecuniae in aerarium inlatae et militis munus dari ex praeda et
stipendium militare praestari potuisset 21, 38, 8 obsaepta gentibus
semigermanis fuissent ist wohl, wie sicher 8, 14, 10 quod per

finis eorum tuta pacataque semper fuisset via, civitas sine suffragio data das Partizip zum Adjektiv geworden und also fuisset unverschoben. Gegenüber dem regelmäfsigen mit esset gebildeten Plusq. Pass. stehen also hier nur etwa 9 Beispiele mit verschobenem fuisset, wobei ich bemerke, dafs mit Ausnahme von Buch 6—10 und der 3. Dekade die Sammlung auf Riemann beruht. Aus Ovid führt Neue an trist. 3, 4, 13 si monitor monitus prius ipse fuissem.

Valerius Maximus schreibt 1, 1, 9 ita se humanarum rerum futura regimen existimantia, si divinae potentiae bene atque constanter fuissent famulata, das ist ein fuero entsprechender Konj.; verschoben ist 2, 7, 15 usi fuissent 5, 1 ext. 5 si usi fuissent. Dreimal verwendet es sein Excerptor Julius Paris 1, 2, 2 Scipio Africanus non ante ad negotia privata vel publica ibat, quam in cella Iovis Capitolini moratus fuisset 2, 1 ext. 1 quid actum fuisset 9, 5, 2 cum interpellatus, dum contionatur, fuisset; ebenso oft Nepotianus 1, 15 ut, si captivorum commutatio facta non fuisset, ad supplicium rediret 16, 3 usus fuisset 23, 2 potitus fuisset. Bei Vellejus ist ein Beispiel zu noticren 2, 119, 2 quia . . . usi fuissent, bei Curtius und Tacitus keines. Den Konj. Fut. II schreibt Sueton Caes. 42 si quid perscriptum fuisset, dagegen verschobenes fuisset Octav. 66 si . . . quis me prosecutus fuisset; Calig. 13 pollicitus matrimonium, si potitus imperio fuisset. Florus hat nur 2, 8, 6 si Asiae civibus usus fuisset, häufiger erst bei Justin 2, 15, 2 cum moenia maiora complexi fuissent 7, 2, 9 tamquam victi fuissent 7, 4, 7 occupatus fuisset 13, 2, 14 si natus fuisset 13, 3, 8 cum ausi non fuissent 31, 1, 9 etsi nuntiata fuissent 31, 2, 3 cum . . . observatus fuisset 32, 3, 3 ni praeventus fuisset 36, 1, 9 quod contemptus fuisset 38, 1, 3 cum nuntiatum fuisset. Aus den Scriptores H. A. kenne ich nur 3, 7, 6 balneum, quo usus fuisset, sine mercede populo exhibuit und 11, 12, 3 apud omnes constat, quod si rerum potitus fuisset, omnia correcturus fuerit. Ammianus Marc. 18, 2, 15 circumventum fuisset 18, 6, 15 fuisset praevisum 20, 9, 6 u. 11, 19 cum ventum fuisset 25, 8, 15 si fuisset repertus 26, 6, 4 fuisset pertaesum 28, 3, 3 ni fuisset exstinctum. Orosius hat nur 2 Beispiele: 4, 18, 9 cum proditus fuisset und 5, 8, 2 fuisset eversa.

Kehren wir von dieser Übersicht italischer Historiker wieder zur augusteischen Zeit zurück, so ist nach Neue aus Ovid zu notieren Trist. 1, 6, 21 si sortita fuisses. Vitruv p. 155, 11 si non ita fecissent, non potuissemus scire quae res in Troia fuissent gestae 282, 14 cum ibi magna vis aquae luti stercoris nocte profusa fuisset; verschobener Konj. neben adjektivischem Partizip 7, 5, 5 cum .. etiam id opus probare fuissent parati. Nichts bei den beiden Seneca und Petronius. Aus den ersten 10 Büchern Quintilian's verzeichne ich 6, 3, 11 si dictum fuisset 9, 4, 1 nisi ausi fuissent, Plinius d. J. hält sich ganz frei. Gellius hat die Verschiebung fünfmal 12, 7, 4 vindicatum fuisset, 14, 1, 15 u. 17, 21, 1 nati fuissent, 15, 1, 6 quod oblita fuisset, 19, 13, 3 fuisset—donatum. Censorinus de die nat. hat neben 4 mit esset gebildeten Plusquamperfekten einmal fuisset 17, 12 etiamsi alterutrum retro fuisset observatum. Firmicus Maternus der Christ (ed. Halm) schreibt es zweimal 6. 9 fuisset .. amputatum 7, 2 fuisset inventa. Vegetius p. 53, 2 milites qui vocabantur accensi, hóc est postea additi, quam fuisset legio completa 142, 3 cum fuisset impulsa 151, 15 cum victus fuisset. Rufinus apol. 1, 11 fuisset ingressa 1, 14 fuisset interpretatus 1, 20 f. prolatum 1, 21 visus f. Dreimal in den Briefen des Hieronymus 2, 4 imitatus fuisset 3, 2 aestimata fuisset ib. quomodo fuisset adductus. Während bei Symmachus und Leo — bei letzterem wenigstens in der Hälfte der Schriften — sich nichts Unregelmäfsiges findet, begegnet die Verschiebung bei Ennodius häufiger, z. B. p. 24, 19 adhibita fuisset, aufserdem habe ich noch 6 Beispiele verzeichnet. Eugippius V. S. gebraucht sie 3, 15, 2. 3, 19, 5. 3, 45, 2. Sedulius Pasch. op. 3, 15 cum fuisset ingressus und 4, 3 cum fuisset egressus. Boëtius enthält weder in der consolatio noch in den übrigen von Peiper herausgegebenen Schriften etwas Hierhergehöriges; dagegen wieder bei Cassiodor z. B. exp. in Ps. 16, 1 nisi fuisset conspectum 21, 18 truncatus fuisset; in den ersten 6 Büchern der Variae 2, 39 non fuisset amissum 4, 43 cum . . . fuisset resecatum 6, 23 si non fuisset iugiter custoditum; der mit esset gebildete Konjunktiv aber ist auch nicht häufiger, und wenn ich einer älteren Aufzeichnung trauen dürfte, so wäre in der Historia tripartita die mit fuisset gebildete Form fast ausschliefslich im Gebrauch. Aus Jordanis ist zu verzeichnen Rom. 293 dum missus fuisset 355 dum peremptus fuisset 365 quod fuisset gestum; Get. 251. 254. 291. Charakteristisch ist das Verhältnis der mit esset und fuisset gebildeten Konj. Plusq. in den echten und unechten Prosaschriften des Venantius Fortunatus. In den echten Schriften überwiegt noch esset mit 9 gegen 7, in den unechten dagegen fuisset mit 9 gegen 2 Beispielen; z. B. 4, 8 quamvis ei non f. iniunctum ... 11, 4 cum ... inluminatus f. 13, 28 quasi dictus fuisset 36, 9 quasi catenarum fragmenta fuissent conlisa etc. Um zu den Galliern überzugehen, so lesen wir bei den Pan. lat. p 189, 10 (Bährens) ein einziges Mal si ausi fuissemus, bei Ausonius seiner sonstigen Korrektheit entsprechend keine Verschiebung, bei Hilarius de trin. 7, 26 responsum fuisset 7, 32 agnitus fuisset 8, 3 increpitus fuisset. Reichlicher fliefst die Quelle schon bei Sulpicius Severus: Chron. 1, 37, 3 ut tam iniuste fuisset pro Athanasio iudicatum, quam Marcellus fuerat absolutus 1, 39, 5 sin aliter fuisset excepta als Konj. Fut. II, sonst noch 9 weitere Beispiele. Bei Cassian aber überwiegt ver-schobenes fuisset schon über esset: in den 12 Büchern der In-stitutiones steht letzteres nur 4-, ersteres aber 20mal. Salvian dagegen ist wieder korrekter, nur einmal schreibt er gub. d. 2, 17 den Konj. zu fuero, Sidonius Ap. (Baret) 7, 17 nur einmal fuisset hebetatus; bei Caesarius habe ich in der Hälfte der Schriften nichts gefunden, aus Faustus nur gr. d. 1, 1 fuisset transmissa notiert; bei Avitus ist er, soweit ich gelasen, wohl nur zufällig nicht vorhanden. Bei Gregor hist. Franc. aber ist fuisset fast ausschliefslich im Gebrauch, z. B. p. 59, 29. 61, 12. 65, 16. 78, 1. 85, 10. 85, 15. 85, 29 etc. Dasselbe ist von Fredegar zu sagen; in Buch 4 ist das Verhältnis von esset zu fuisset in dem angegebenen Verbande 8 : 21.

Unter den Afrikanern hat Fronto zweimal fuisset p. 42, 8 si ausus fuissem, p. 177 si nati fuissent; nur 2 Beispiele finden sich bei Apulejus met. 10, 32 si fuisset antelata, 10, 34 quae-cunque ... bestia fuisset immissa. Verhältnismäfsig häufig be-gegnet der verschobene Konj. bei Tertullian, vielleicht ebenso-häufig wie der mit essem gebildete: in etwas über der Hälfte der Schriften zähle ich 12 Fälle, z. B. or. 16 cum tinctus fuisset; test. an. 5 natus fuisset; cor. 9 si usus fuisset; fuga in pers. 6 etsi fuisset emissum; scorp. 15 nihil enim passi fuissent, quod non prius patiendum esse scissent etc. Mehrfach liest man die Ver-schiebung bei Cyprian, in den Briefen 13mal z. B. p. 510, 9 auctor fuit, ut ... existerem nec me in conspectum publicum et maxime eius loci. ubi totiens flagitatus et quaesitus fuissem, temere committerem 600, 15 quamquam ... propositum iam tunc ... manifestatum fuisset, quando ... tuas litteras legimus 610, 4 qui cum haec et cetera eis fuissent exprobrata ... deprecati sunt etc.

Natürlich fehlt sie auch nicht bei den Autoren des III. Bandes,
z. B. p. 20, 2 conquesta est . . . quod Hebraeus adolescens vim
sibi molitus fuisset inferre 80, 14 cum fuisset interrogatus . . .
et primo veritatem confessus fuisset dicens esse eum Christum filium
Dei vivi et propterea beatus ab illo iudicatus esset, quod hoc . .
adsecutus esset, idem tamen . . coepit. Hier scheinen die Formen
mit fuisset die weiter zurückliegende Vergangenheit bezeichnen zu
sollen u. s. w. Während in der Vita Cypr. 104, 22 ostensum
fuisset aufstöfst, habe ich bei Arnobius, der so oft falsches
fuerat gebraucht, in dieser Beziehung nichts Unregelmäfsiges gefunden. Lactantius hat neben esset die Form mit fuisset
selten, in Buch 1—2 nur 1, 11, 17 si non fuisset delusus; in Buch
4—6 nur 4, 10, 1 cum magisterio functus fuisset 4, 11, 15 si secuti
fuissent 4, 15, 30 cum lectae fuissent 4, 15, 31 nisi fuissent universa completa 6, 8, 11 functus fuisset. In de mortibus persec.
finden sich 10 Beispiele mit esset gegenüber 3 mit fuisset. Im
Verhältnis gebraucht auch Augustin die Verschiebung selten,
z. B. civ. d. (Dombart[2]) p. 6, 1 qui in illo vel illo templo fuisset
inventus 52, 9 antequam eorum sacrificia prohibita fuissent 134, 11
ubicumque fuisset inventus 147, 8 prohibita fuissent 174, 23 si
forte aliorum aedibus vel altaribus iam fuisset locus occupatus.
Optatus hat verschobenes fuisset neben dem Part. gar nicht,
freilich auch nur 4mal esset; dagegen zeigt sich die afrikanische,
durch rhetorische Studien nicht gemilderte Willkür im Tempusgebrauch in den von Ziwsa im Anhang zu Optatus abgedruck-
ten Akten, wo p. 186, 20. 188, 4. 188, 12 ventum esset steht,
und mitten dazwischen zur Abwechselung 188, 11. 15. 20. 25 ventum fuisset. Auch Mart. Capella kennt diese Verschiebung
nicht, er hat also mit fast allen genannten Autoren afrikanischer
Herkunft das gemein, dafs er neben dem Part. Perf. Pass. zwar
fueram dem eram, nicht aber fuissem dem essem vorzieht. Das
ist aber wohl sicher bei Lucifer der Fall, denn p. 1—20 zähle
ich fuisset allein 12mal, z. B. 6, 25 quod fuisset . . . inventa
12, 25 ne . . periremus, sed fuissemus segregati 16, 1 qui fuerimus
metuentes et sumus, ne illa fuissent de nobis, quae sunt dicta de
illis desertoribus. Auch bei Fulgentius Rusp. überwiegt die
Verschiebung, liest man doch in mehr als der Hälfte der Schriften neben 5 esset 11 fuisset. Nur Zufall ist es, wenn bei dem
Mythologen Fulgentius — soweit ich ihn kenne — nichts
begegnet. Auch bei Victor von Vita zähle ich die verschobene

Form nur 4mal, 8mal bei Liberatus; bei Facundus nichts gefunden, was, wie schon oben berührt ist, der Abfassung seiner Hauptschrift im Auslande (in Konstantinopel) zuzuschreiben ist. Hier mag auch zum Schlufs der höchst seltenen Verbindung von fuisset mit den Participia Futuri gedacht werden. Neben dem Partizip Fut. Akt. noch am häufigsten bei Cicero, nach Neue I, p. 375 Mil. 48 si quidem exiturus ad caedem e villa non fuisset; Lig. 23 Caesarine eam tradituri fuissetis an contra Caesarem retenturi? Hier schreibt C. F. W. Müller mit dem Ambrosianus und Madvig tradituri fuistis. Phil. 3, 24 ac ne sine causa videretur edixisse, ut senatus adesset, cum de re publica relaturus fuisset, adlato nuntio de legione quarta mente concidit scheint einem direkten relaturus fuero zu entsprechen; div. 2, 21 etiamsi obtemperasset auspiciis, idem eventurum fuisset. Von einer Verschiebung ist hier also ebensowenig etwas zu bemerken wie bei Livius, der die Umschreibung häufiger hat (vgl. Thielmann, Archiv II, p. 187), z. B. 10, 45, 3 subibat cogitatio animum, quonam modo tolerabilis futura Etruria fuisset, si quid in Samnio adversi evenisset, 28, 24, 2 u. ö. (s. die Anmerkung von Weifsenborn-Müller z. d. St.), Curtius 6, 8, 10. Dagegen steht fuissent = essent bei Vitruv p. 283, 14 neque certum locum scire poterant, quo emersum facturi fuissent hostes und Cyprian p. 705, 5 figura exprimitur, quod inimicorum dorsa cedentium adque fugientium manibus quibus crucem pertulit . . . compressurus fuisset, quodque ipse sit leo de tribu Iuda; Fulg. Rusp. ad Mon. 2, 1 non tamen esse a deo praedestinatam, cum ipsam voluntatem malam non aliter essent habituri, nisi in eo, quo fuissent a domino recessuri; Lucifer p. 127, 5 fuisset erepturus.

Neben dem Partic. Fut. Passivi steht fuisset zuerst bei Cicero ad Q. fr. 3, 4, 2 sic enim faciendum fuisset, div. 2, 20 nisi revertisset, . . . ei cubandum fuisset. Livius 44, 7, 7 regressus ad Dium est dubitatione omnibus exempta, quid intercluso ab Thessalia patiendum fuisset; Sueton Otho 9 cum dimicandum fuisset; Cyprian p. 360, 19 si . . . celarem, tunc torquendus fuissem, bei Fulgentius Ferrandus einmal: quid sequendum fuisset.

§ 4. Sonstige Verschiebung des Konjunktiv des Plusquamperfekts in Italien und Gallien.

Unsere weitere Untersuchung über die Verschiebung des Konj. Plusq. Akt. wird um so kürzer ausfallen dürfen, als hierüber schon

Sittl[1]) Einiges zusammengestellt hat und ich Gesch. d. Irr. in dem Kapitel über die Afrikaner ausführlich darüber gehandelt habe. Was ich hier mitteile, wird also hauptsächlich Ergänzung, Berichtigung und Verteidigung sein. Wir waren oben zu dem Schlusse gekommen, dafs das klassische Latein nur geringe Spuren der Verschiebung aufzuweisen habe. Eine eigenartige Stellung nehmen Vitruv und der Verfasser des Bellum Hispaniense ein. Dem, was ich über letzteren a. a. O. p. 56 gesagt habe, ist nichts hinzuzufügen. Er hat die sonst nirgends wieder begegnende Eigenheit[2]), den Ind. Impf. oder Plusq. für den Konj. der betreffenden Tempora zu setzen, dann aber, was uns hier besonders angeht, den Konj. Plusq. (aber nur von esse) für den Ind. Impf., z. B. 3, 8 existimant prope magna pars hominum, qui in his castris fuissent, se prope captos esse 13, 2 eo die A. Valgius, senatoris filius, cuius frater in castris Pompeii fuisset . . . fugit.

Vitruv dagegen hat schon eine Reihe von Beispielen der Verschiebung, nur tritt diese nicht nur bei esse und habere, sondern auch bei posse und velle ein. Ich setze einige Stellen zur Erläuterung her: p. 62, 20 utinam vero rerum natura sententiam eius secuta explicata et apparentia ea constituisset . si enim ita fuisset, non solum laudes aut vitia animorum ad manum aspicerentur 90, 23 nam is cum paratam habuisset marmoris copiam in doricae aedis perfectionem, commutavit ex eadem copia et ionicam Libero patri fecit 155, 11 namque si non ita fecissent, non potuissemus scire, quae res in Troia fuissent gestae nec quid Thales, Democritus . . . sensissent 156, 18 rex cum iam sex civitatis lectos habuisset nec tam cito septumum idoneum invenisset 245, 14 cibi vero non habuissemus abundantiam, nisi iuga et aratra bubus iumentisque omnibus essent inventa . suculaumque et prelorum et vectium si non fuisset torcularis praeparatio, neque olei nitorem neque vitium fructum habere potuissemus ad iucunditatem 282, 11 iussit omnes publicae et privatim quod quisque habuisset aquae stercoris luti per eam fenestram per canales progredientes effundere ante murum. Diese Verschiebung also ist beschränkt auf die genannten Verben in Temporal-,

---

[1]) Die lokalen Verschiedenheiten der lat. Spr. Erlangen, Deichert, 1882.
[2]) Köhler, De auctt. belli Afr. et belli Hisp. latinitate, Erlangen 1877, p. 52, und Degenhart, De auct. belli Hisp. elocutione et fide historica, Würzburg 1877, p. 28 ff.

Bedingungs- und Relativsätzen. Etwas anderes ist es, wenn Vitruv p. 1, 9 schreibt: cum vero attenderem te non solum de vita communi omnium curam publicaeque rei constitutione habere sed etiam de opportunitate publicorum aedificiorum, ut civitas per te non solum provinciis esset aucta, verum etiam ut maiestas imperii publicorum aedificiorum egregias haberet auctoritates, non putavi praetermittendum. Hier sowohl wie 2, 24 itaque architecti, qui sine litteris contenderant, ut manibus essent exercitati, non poterant efficere und 242, 15 utinam dii immortales fecissent, ut ea lex etiam P. R. non modo publicis sed etiam privatis aedificiis esset constituta ist von einer Verschiebung nicht zu sprechen, da offenbar die Plusquamperfekte als solche gefühlt werden, ebenso wie dies oben für Tacitus und Plinius konstatiert worden ist. Immerhin darf man hierin schon einen Schritt zu jener Verschiebung erblicken, die später im Romanischen an Stelle der passivischen Formen vom Präsensstamme die Formen von esse mit dem Part. Perf. gesetzt hat.

Wie selten aufserhalb der genannten Autoren bis zum 5. Jahrhundert ein falsches Plusq. auftritt, ist Gesch. d. Irr. ausgeführt. Ich füge folgendes hinzu: Liv. 23, 2, 5 consilium placiturum nullo modo, nisi necessarium fuisset ist Konj. zu fuero, ebenso wie Valerius Max. 3, 1, 3 cum per aetatem potuisset, idem facturum minitantem Konj. zu potuero. Aber 7, 2 ext. 8 interrogatus an facta hominum deos fallerent: „ne cogitata quidem", inquit, ut non solum manus, sed etiam mentes puras habere vellemus, cum secretis cogitationibus nostris caeleste numen adesse credidissemus ist der der präsentischen Bedeutung von credidi entsprechende Konjunktiv. Columella in 5 Büchern, Censorinus de d. nat., Vegetius haben keine Verschiebung. Eigentümlich ist Quintilian 8 prooem. 24 quid quod nihil iam proprium placet, dum parum creditur disertum, quod et alius dixisset. Hier ist wohl ein Potential der Vergangenheit, temporal ähnlich dem oben besprochenen dixeram, = was schon ein anderer gesagt haben mochte, zu verstehen. 9, 4, 12 Pythagoreis certe moris fuit, et cum evigilassent, animos ad lyram excitare, quo essent ad agendum erectiores, et cum somnum peterent, ad eandem prius lenire mentes, ut, siquid fuisset turbidiorum cogitationum, componerent. Unlogisch ist dies fuisset offenbar, denn vergangen sind die turbidae cogitationes erst, wenn das componere eingetreten ist; wir haben aber hier wieder nicht die eigentliche Verschiebung,

sondern den Konj. fut. II, angelehnt an den direkten Satz siquid
fuerit, componemus nach dem bekannten unlogischen, aber häufigen
Gebrauch des Futurum II von esse, posse, velle u. a.
Es ist nicht unwichtig, wenigstens die Frage aufzuwerfen,
wann in Italien zuerst ein Plusq. in Konsekutiv- und Finalsätzen in die Schriftsprache eingedrungen ist, das nicht mehr
als Konj. der vollendeten Handlung in der Vergangenheit gedacht
wurde. Dafs bis auf Plinius d. J. ein solches nicht anzunehmen
sei, wurde schon gesagt. Auch Sen. Rhet. contr. 9, 21 timebam,
ne exorasset liefert ein solches unverschobenes Beispiel. Aber
selbst Scriptores H. A. 15, 13, 1 fuit in iure non incallidus,
adeo ut statuisset omnia rescripta veterum principum tollere, ut
iure, non rescriptis ageretur — was ich Gesch. d. Irr. p. 58 unter
die Beispiele der Verschiebung gerechnet habe — läfst die Ver-
deutschung zu: so dafs er beschlossen hatte. Auch 17, 12, 4
in conviviis exsoletos maxime iuxta se ponebat eorumque ad-
trectatione et tactu praecipue gaudebat, nec quisquam ei magis
poculum, cum bibisset, dabat; bibisset bezieht sich nicht auf
Heliogabal, sondern auf die durch quisquam vertretenen exsoleti.
So bleiben also nur 4, 29, 6 dederunt et vitio, quod et fictus
fuisset nec tam simplex quam videretur, wo dem Schriftsteller
sicher ein Acc. c. inf. tradunt eum fuisse im Ohre klang; 24, 9, 1
neque in quoquam melius consultum rei p. a militibus videbatur,
quam quod instantibus Sarmatis creatus est imperator, qui fessis
rebus mederi sua virtute potuisset . . 30, 13, 3 avus meus rettulit
interfuisse contioni, cum Diocletiani manu esset Aper occisus.
Ammianus Marcellinus 24, 7, 4 putabat utiliter ordinasse,
ne relicta classis usui hostibus foret ist relicta wohl sicher als
Adjektiv aufzufassen. Etwas anders verhält es sich mit Orosius
1, 8, 4 nihilque divini iuris humanique ei incognitum videbatur:
adeo ut etiam agrorum sterilitatem multos annos prospiciens
fruges congregasset. Diese Stelle ist zwar dem Justin entnommen,
aber dessen Worte lauten doch anders 36, 2, 9 nihilque divini
iuris humanique ei incognitum videbatur, adeo ut etiam sterilitatem agrorum ante multos annos providerit; perissetque omnis
Aegyptus fame, nisi monita eius rex edicto servari per multos
annos fruges iussisset. Für das congregasset des Orosius fehlt
also jede Entschuldigung, zumal da auch eine Beziehung auf das
Folgende, woran man denken könnte, sich aus dem Zusammenhange nicht ergiebt. Justin aber zeigt auch sonst von fuisset

neben Part. Perf. nichts Unregelmäfsiges; denn 28, 4, 15 quoniam homines, quibus parceret, non superfuissent haben wir den Konj. zu dem schon erklärten superfuerat. Aus Leo Magnus wiederhole ich das einzige Beispiel, das ich in der Hälfte der Schriften gefunden habe und wohl sicher die Verschiebung zeigt: ep. 86, 1 si necessariam diligentiam servarent; ne cuiquam eorum evagari in diversa licuisset. Erst bei Ennodius und Sedulius begegnet der Konj. einige Male, und oft bei Cassiodor und Venantius Fortunatus. Da ist denn, wie einige Beispiele zeigen sollen, auch kein Zweifel mehr möglich, dafs dieser Konj. Plusq. nicht mehr als solcher gefühlt, sondern gemäfs der nach unserer Hypothese in der Volkssprache längst durchgedrungenen Verschiebung nur als ein Konjunktiv des Präteritums empfunden wurde. Von jetzt an erweitert sich auch der Kreis der der Verschiebung unterworfenen Verba. Ennodius (ed. Vogel, vgl. Index s. v. tempora) p. 23, 23 ne in ancipiti de profectione vestra animus meus pependisset auditu p. 33, 5 at nunc quae animum vestrum mei invasit oblivio, ut nullas per tanta temporum spatia litteras suscepissem (= susceperim) 63, 16 providete ne . . . dominetur, ne labor uteri mei sterilitatis vice hostilem peperisset familiam et numerosa proles per sinistros actus infecunditatem parientis ostendat 62, 40 quid fuisset, inspexi Carm. 2, 79 non deerat pastus, ut alvus tumuisset 174, 32 cur non laxioribus digitis lympha se miscuit, ut ex toto exclusisset ictus superis unda sublimior? 17, 28 soletis quid dicere voluissemus attendere 69, 17 ante enim quid debuissem consideravi, quam quid velles agnoscerem 49, 32 estne aliquis praeter vos sic inter oves ulcerosas deputandus et erraticas, qui magnum gregem potuisset lacessire pastorum? Ebendort folgt mehrfaches potuisset u. a.

Sedulius (Huemer) schreibt p. 242, 18 hunc sic curavit, ut daemonio vacuasset eiecto, voce pariter et auditu replevisset infuso 250. 10 superabat, ut concidissent 274, 22 deposuit, ut . . . fecisset 292, 12 et ne fides defecisset, agnoscitur 280, 16 quo apud pium iudicem facilius sibi relaxari meruisset errorem.

Cassiodor var. 1, 4 eius altercationes tanta varietate destruxit, ut voluisset gratiam quaerere 2, 6 ante suscipis electionis donum, quam iure potuisses probare ingenium; 2, 40 se vero soliditati arboris constrictis nexibus illigavit, ut et famosos cantus liberis auribus probare potuisset et pericula dulcisonae vocis unda rapiente vinctus evaderet; ebenso steht ut potuisset bald

als Folge, bald als Absicht 3, 18. 4, 16 und sonst; ut debuisset
3 42. In den inst. div. script. liest man cap. 2 ut potuisset und
32 super his etiam communicationem corporis et sanguinis sui
clementissimus redemptor indulsit, quatenus pietas creatoris hinc
maxime possit intellegi, cum nos tantis beneficiis, si tamen eum
puro corde quaeramus, fecisset absolvi = fecerit; charakteristisch
ist auch 23 qui scripturas divinas tanta curiositate discusserat
atque intellexerat, ut undecumque interrogatus fuisset. Massenhaft
begegnet ut potuisset, ne potuisset in der exp. in Psalmos, auch
häufig ut debuissem, daneben 26, 17 fieri enim potuit, ut .. probare
voluisset 27, 5 ut maluisset, auch wohl andere Verba, wie 7, 9
nihil potuerunt ultra facere, quamvis . . . insanissent; ein solches
in den Variae nur 12, 28 ut iunxisset. Dafs auch Gregor und
Jordanis die Verschiebung haben, ist a. a. O. erwähnt.

Ausführlicher behandle ich nur noch den Venantius und
führe zunächst aus dem Index von Leo an 6, 5, 84 quaque petisses
iter, vox gravis una gemit 10, 4, 5 licet festinasset in iuventute,
sors debita tamen est innocentia secura de palma; app. 1, 124
cur taces, qualiter cecidisset oppositaque fide raptus ab orbe fuit?
Wie sehr die Verschiebung allmählich um sich griff, ersehen wir
am besten aus den opera pedestria. p. 2, 11 tanta sapientia primi-
tiva lactabatur, ut iam tunc potuisset intellegi; 3, 4 sperans hostis
fidei aliquas nebulas splendori catholico posse praetendere, si
retrusus exilio talis vir a certamine defuisset, wohl = Konj. Fut. II.
23, 15 contigit, ut . . . accepisset epistulam 29, 14 tanto fidei fervore
flagravit, ut parentes . . . voluntarie reliquisset et velut hostes
animae carnales effectus effugisset 39, 16 timens ne deo degradas-
set, cum mundi gradu proficeret 47, 31 de morbo nihil apparuit,
ita ut nec subsudasset et intus aqua consumpta sit 51, 17
miraculum propagavit, ut eum nec foci calor exureret nec ferri
pondera fefellissent. Aus den unechten Schriften: 64, 17 in
tantum ut Montanus quidam monachus, dum se levissimo sopore
quiesceret, tertia fuissct admonitione pulsatus, uti . . . praediceret
67, 2 iudicare enim possumus, quantus in praesenti miraculo fuisset
parentum fletus 82, 12 petistis sane, uti vitas . . . corrigeremus et . . .
misissemus 89, 29 et ne ultra modum fatigatus corpore defecisset,
habebat humilis sessor asellum 93, 21 quo (damit) potuisset
93, 23 professus se ortolanum fore, quatinus corpus, quod ieiuniis
vigiliis et orationibus castigare decreverat, ne ea toto deficere
potuisset, proprio labore pavisset 99, 9 accidit, ut . . . advenisset

und noch einige Beispiele. Wie nun die Verschiebung immer weiter um sich gegriffen hat und welche Ausdehnung sie in Schriften des 8. und 9. Jahrhunderts, die von Deutschen und in Deutschland verfaßt sind, einnimmt, darüber beliebe man Foth a. a. O. p. 326—27 einzusehen. Bei den Schriftstellern von gallischer Herkunft ist die Verschiebung bis auf späte Zeiten sehr selten, wie Gesch. d. Irr. Kap. 7 gezeigt ist. Erst bei Sulpic. Sev. finden wir sie im Finalsatz ep. 1, 4 ut potuisset und in den ihm zugeschriebenen Briefen 4, 2 sogar ut texisset. Ich wiederhole nur, ohne Beispiele auszuschreiben, daß die Verschiebung bei Cassian, Salvian, Apollinaris Sidonius, Avitus, Gregor nur an wenigen Stellen gefunden wird, meist bei posse. Erst bei den späteren scriptores rerum Merovingicarum dringt der vulgäre Gebrauch durch. Ich setze einige Stellen aus dem 4. Buch des Fredegar her. p. 127, 3 cum arca marmorea, leve effecta, quasi ex ligno fuisset 127, 23 victi sunt, ut parum ex iis remansisset 128, 7 sic validae aebullivit, ut multitudinem piscium coxisset 131, 21 ut nullus reperiretur, qui . . potuisset 138, 21 consilium iniebat, quo pacto Theudebertum potuisset oppremere 144, 3 petentes, ut . . . debuissent cassare 145, 1 tanta ei fuit utiletas de Chunis facta, ut mirum fuisset, et nimia multitudo ex eis gladio Winidorum trucidata fuisset 146, 1 qua de re Gundebergam reginam, parentem Francorum, humiliasset, ut exilio retrudisset u. s. w.

§ 5. Die Afrikaner.

Während in Italien und Gallien die vulgäre Verschiebung des Konj. Plusq. nur bei Vitruv in stärkerem Grade zum Vorschein kommt, aber auch bei diesem nur bei einer beschränkten Anzahl von Verben und nicht im Finalsatz, und während in den genannten Ländern das erste Beispiel einer wirklichen Verschiebung im Final-satz nicht vor etwa dem Jahre 400 beobachtet ist, haben afrika-nische Autoren schon 200 Jahre früher ohne Beschränkung den verschobenen Konj. Plusq. gebraucht. Schon der auf italischer Erde lebende Fronto schreibt p. 173, 10 quorsum hoc tam ex alto pro-hoemium? ne me existimasses parum considerasse gravitatem au-ctoritatemque tuam commendando Corneliano Sulpicio und p. 195, 6 leges pleraeque poenam sanciverunt, ne quis arborem felicem succi-disset. Dem letzten Satze merkt man es an, daß das Plusq., wenn auch ungewöhnlich, so doch nach Analogie eines Satzes wie ne quis succidisse velit oder eines Konj. Fut. II gebildet ist. In dem ersten aber ist es so wenig möglich, sich das Plusq. als in seiner Grundbedeutung gedacht vorzustellen, dafs Heindorf existimassis ändern wollte. Aber sowohl gegen diese wie gegen die Änderung der beiden Stellen des Apulejanischen Asclepius p. 29, 2 (Goldbacher) praeter Hammonem nullum vocasses alterum und p. 59, 23 sic deorum fictor est homo . et ne putasses fortuitos effectus esse terrenorum deorum, o Asclepi glaube ich mit Recht Gesch. d. Irr. p. 36 eingewandt zu haben, dafs ein derartiger Konj. Perf. nur von wenigen Verben wie audere (ausim) formelhaft im späteren Latein gebraucht werde; und die Möglichkeit des Plusq. wird durch die übrigen dort aufgeführten Beispiele der Verschiebung bei Apulejus zur Genüge erwiesen. Ich füge noch hinzu met. 9, 26 p. 170, 17 detestabatur uxorem . . . quae suo pudore postposito torique genialis calcato foedere larem mariti lupanari maculasset infamia, iamque perdita nuptae dignitate prostitutae sibi nomen adsciverit und 10, 7 p. 186, 22 quae ipse finxerat quasi vera adseverare atque adserere incipit. Quod se vocasset indignatus fastidio novercae iuvenis, quod ulciscens iniuriam filii eius nudaverit necem, quod promisisset grande silentii praemium, quod recusanti mortem sit comminatus, quod venenum . . . reddiderit, quod . . . porrexerit puero — Stellen, die zwar nicht in den Bereich der Verschiebung gehören, aber doch von der Willkürlichkeit der Zeitgebung einen Begriff geben, wie sie schon Apulejus, mehr aber noch spätere Afrikaner belieben. Es wäre überflüssig, nachdem ich a. a. O. Kap. 5 das Material zur Veranschaulichung der Verschiebung bei den Afrikanern, namentlich in Final- und Bedingungssätzen, zusammengetragen habe, dies hier nochmals vorzuführen: Ich begnüge mich, eine Auswahl von Stellen hier folgen zu lassen, um dann auf die Frage der Ursachen der Verschiebung näher einzugehen.

A. Finalsätze. Apul. ap. p. 71, 24 percensuit: me . . . invitatum eius artificio quaedam mechanica ut mihi elaborasset petisse, simul et aliquod simulacrum cuiuscunque vellet dei, cui ex more meo supplicassem, quacumque materia dummodo lignea exsculperet. Tertull. apol. 16 p. 182 Öhler: haec ex abundanti, ne quid . . . quasi de conscientia praeterissemus; ad nat. 2, 12 p. 380 timebat, ne . . didicisset; scorp. 6 p. 510 ne solummodo evasisset, verum etiam evicisset inimicum; cult. fem. 1, 2 p. 704 ne profuisset, sed ut pervenirent. Pseudocyprian p. 32, 6 qui morientibus cunctis ad hoc reservatus es, ut martyr esse potuisses; 203, 6 pro imperio domini laboravit, ut in domo mansisset, cui solitudo palatium praestabat ad requiem. Augustinus c. Faustum Manich. 10, 3 et ne quisquam ipsam speciem carnis et ipsam substantiam non posse resurgere credidisset, exprimere volens . . . continuo contexuit, darauf: et ne adhuc quisquam putaret; c. Felicem (ed. Zycha) p. 827, 19 ex quo a sanctitate tua recessi, ut ad diem constitutum reversus essem; 851, 30 quia noluisti, ut esset a te anathematus; 875, 10 sic enim contionatum illi dicunt principem tenebrarum, ut neque ipse talia dicere neque ab eis quibus dicebat, audiri sine memoria et intellectu potuisset. Optatus p. 28, 1 eodem tempore idem Donatus petiit, ut ei reverti licuisset 39, 6 speluncam quandam foris a civitate cratibus saepserunt, ubi ipso tempore conventiculum habere potuissent 40, 9 et ne regredi ad meliora potuissent, ipsi sibi scismatis compedes posuerunt, ut in errore suo pertinaciter starent, ne ad pacem, quam deseruerant, reverti potuissent, und so öfter potuisset. 149, 14 voluistis, . . . ut mitellas alias proicerent et alias accepissent. 167, 18 ita universa scriptura data est, ut apex unus in aliquo libro minime remansisset. Aus dem Anhang zu Optatus: 189, 7 dedit folles viginti, ut factus esset presbyter 191, 3 nec non utique a vobis debuit componi, ne ventum esset, ut . . . lapidaretur 192, 22 ut factus esset episcopus 197, 29 ad scribam Miccium misi, ut acta ipsius temporis confecta mihi obtulisset. Bemerkenswert ist, daſs diese Verschiebung nur in den Afrika entstammenden Aktenstücken vorkommt, nicht aber in den übrigen gleichzeitigen Aktenstücken, die vom Kaiser Konstantin und den in Arelate versammelten gallischen Bischöfen herrühren. Tichonius[1] Reg. 4 p. 115 Sp. 1 B locutus non est, ne crucem Christi fecisset inanem, si auxilio atque ornamento sermonis, ut falsitas indiguisset. Reg. 3 p. 111 Sp. 1 A fieri potuisse, ut bonus deus, qui sciebat, legem non potuisse fieri, alterum vitae aditum non reliquisset et adversum homines, quos ad vitam fecerat, undique versum vitae vias clausisset. Lucifer p. 66, 25 ne fuisset dictum 71, 16 ut statuisses 90, 3 ne fecissent 98, 11 ut fuisset beatificata 105, 8 obsecrans ut fuissent, ut praeberent etc. etc. Fulgentius Rusp. ad Mon. 1, 24 et licet in eius praedestinatione non fuerit,

---

[1] Bei Gallandi, Bibl. patrum VIII.

malitiam voluntati humanae dedisset, fuit tamen in eius praedestinatione, quid humanae voluntatis malitiae reddidisset . C. Arr.
resp. 1 nec aliam cum nomine patris essentiam acquisivit, ut filii
substantiam . . . perdidisset. Ad Tras. 1, 1 quod vestrae man-
suetudinis voluntas omnino statuit abnegandum, ita ut nec saltem
ad assidua perlegenda scripturae nobis praecepisses attribui 1, 7
dignum enim fuit, ut in sacramento redemptionis humanae nec
veritas defuisset perfectioni, nec perfectio veritati 3, 8 sic tamen
ut . . . unus tamen atque idem Christus et ex veritate passionis
humanae, quae nostra fuerant, redderet et ex veritate impassi-
bilitatis divinae, quae sua fuerant, tribuisset 3, 24 in quo pro eo
animae ponendae demonstravit affectum, ut, quam pro se Christum
posuisse sciret, hanc ipse pro Christo similiter posuisset 3, 30 ut
autem peccator fuisset gratuito munere liberatus, factum est, ut
mortem corporis . . . pateretur. 3, 31 dignum namque fuit, ut
carnem sepulchri non corrumperet locus et animam dolor non contigisset inferni. Ep. 2, 4 ut nullam mutationem perferret malitiae
secularis, nec anima eius aliqua fuisset fictione decepta u. s. w.
Fulgentius[1]) der Mytholog praef. p. 611 ut rexisset, 613 ut
Psyche videndo perderet et Hero non videndo perisset, 619 quo
(= ut eo) depinxisset, 620 quo inlisisset; lib. absque litteris 1, 1 ut
denegasset et obiceret und sehr oft. Victor Vitensis p. 10, 1
ut venisset et haberetur, 17, 6 ut nudaret et captivasset, 20, 24 ne
fecisset und sehr oft. Victor von Tunnuna de paen. 25 exo-
raret, ut tributo sibi spatio omne debitum reddidisset, meruissetque
misericordia domini cuncta sibi donari. Vigil. von Tapsus
c. Eut. 5, 9 dignatus est naturam nostram adsumere, in qua pro
nobis mori potuisset, quod fuerat necesse.

B. *Bedingungssätze.* Apul. Ascl. p. 38, 34 locum autem dico,
in quo sint omnia. neque enim haec omnia esse potuissent, si locus
deesset, qui omnia sustinere potuisset. omnibus enim rebus, quae
fuerunt, praecavendum est loco. Nec qualitates etenim nec posi-
tiones nec effectus dinosci potuissent earum rerum quae nusquam
sunt. Tertull. monog. 3 etiamsi totam et solidam virginitatem
. . . paracletus hodie determinasset . . . sic quoque nihil novi indu-
cere videretur; paen. 3 nam si bonum concupisceres, perficere
gestisses: porro sicut malum non perficis, nec concupiscere debueras: entweder mufs man concupisceres präterital oder gestisses

---

[1]) In: Auctt. Mythographi latini, Leyden u. Amsterdam 1742.

präsentisch fassen; cult. fem. 1, 1 si . . moreretur . . . appetisset et potius affectaret; de iei. 1 (libido et gula) cum duo haec tam unita atque concreta sint, ut, si disiungi omnino potuissent, ipsi prius ventri pudenda non adhaererent; ad mart. 1 p. 4 si enim non vobiscum nunc introisset, vos illic hodie fuissetis etc. Stellen aus Cyprian und Arnobius sind Gesch. d. Irr. angeführt. Augustinus nat. boni p. 878, 19 determinatos fuisse. nisi autem qualiscumque pulchritudo ibi fuisset, nec amarent coniugia sua nec partium congruentia corpora eorum constarent: quod ubi non fuerit, non possunt ea fieri, quae ibi facta esse delirant. et nisi pax aliqua ibi esset, principi suo non oboedirent . . . ib. 29 si autem ibi species non fuisset, non alii dominarentur, alii subderentur . . . haberent membra disposita, ut illa omnia, quae vana isti fabulantur, agere possint; c. Sec. p. 914 wird die Stelle des Römerbriefs 1, 25 citiert: et coluerunt et servierunt creaturae potius quam creatori, und dazu bemerkt 914, 25 alterum (intuearis peto), quia, si unius eiusdemque substantiae creator et creatura esset, non reprehenderentur, quia servierunt creaturae potius quam creatori, quoniam cuicumque servissent, ab eadem natura substantia non recessissent. Unbedingt würde das gute Latein den allgemeinen Gedanken durch servirent und recederent ausdrücken. Mart. Cap. p. 77, 28 praeterea quaecumque nomina vel participia genitivo singulari in is exeunt, dativo plurali syllaba crescunt ut Catonis Catonibus, secundum quam rationem si esset genuis, cornuis, genuibus fecisset ut syllaba cresceret; 199, 15 namque ortus obitusque siderum non diversus pro terrae elatione vel inclinationibus haberetur, si per plana diffusis mundanae constitutionis operibus uno eodemque tempore super terras et aequora nituissent aut item si emersi solis exortus concavis subductioris terrae latebris abderetur; 236, 9 Lycia, a qua incipit mons Taurus paene mediatenus orbis conscius, quem peragraret, nisi maria restitissent. Lucifer p. 127, 4 potuisses 156, 6 neque posses, nisi fuisses 292, 19 si posses, invenisses. Fulg. Rusp. Tras. 1, 12 Satz der wiederholten Handlung: in lege enim sacerdotio fungi non poterat, si quis homo minus aliquid habuisset in se; ad Don. 4 quia si filius secundum divinitatem unus deus cum patre non esset, unius cum eo naturae non fuisset et si naturae alterius esset, ·creatura sine dubio esset; ad Petr. diac. 1 si enim sicut est patris et filii et spiritus sancti una substantia, sic esset una persona, nihil omnino esset, in quo veraciter trinitas diceretur. Rursus quidem

trinitas esset vera, sed unus deus trinitas ipsa non esset, si quemadmodum pater et filius et spiritus sanctus personarum sunt abinvicem
proprietate distincti, sic fuissent naturarum quoque diversitate discreti; ib. si enim in illa natura una patris et filii et spiritus sancti
una esset persona, non diceretur ad imaginem nostram,
sed ad imaginem meam, nec dixisset faciamus, sed faciam,
ein Fehler im Gebrauch des Plusq. liegt zwar hier nicht vor, aber
es wird willkürlich mehrmals hinter einander zwischen Konj. Impf.
und Plusq. abgewechselt; ep. 7, 1 gratiam quam tibi largitus est
deus, in tantum significare curavit, ut in suis litteris tuae quoque
salutationis mihi demonstraret iudicium. Hoc proculdubio non
fecisses, nisi Christum tota puritate mentis in suis famulis dilexisses, nec incognitum servum tam benigne in domino salutares, nisi dominum pio corde gestares: man erwartet diligeres; de incarn. et gr. 12 iusta est utrimque statuta condicio, ut
scilicet, si obedientiam, quae prima virtus est, custodiret, ex animali, in qua creatus erat, corporis qualitate, ad spiritualem immortalemque statum sine corporis morte (quia sine animae iniquitate)
transiret, accepissetque divino munere, si praecepta servasset, non solum perfectam atque inamissibilem corporis immortalitatem, verum etiam in anima talem gratiam sancte iusteque
vivendi, ut peccare deinceps omnino non posset, si non peccaret,
donec peccare potuisset. Vita Fulgentii 9 ut . . . discerent
supplicia tolerare probaturi quid profecissent, si flagellis membra
omnia dissipantibus a fide vera minime defecissent. Fulg. Myth
1, 27 cuius pater edictum proposuerat, ut siquis duas feras sibi
dispares suo currui iungeret, ipse illam in coniugio accepisset.
Vict. Tunn. poen. 4 sed non habeo, inquies, conscium. hoc recte
dixisses, si exemplum Cain parricidarum principis non haberes.

Auf anderem als afrikanischem Boden wird man schwerlich
solche Willkür finden. Auch dort geht man gelegentlich vom
Irrealis der Gegenwart zu dem der Vergangenheit über, wie
Vergil Aen. 4, 340 me si fata meis paterentur ducere vitam
auspiciis et sponte mea componere curas, urbem Troianam primum
dulcisque meorum reliquias colerem, Priami tecta alta manerent
et recidiva manu posuissem Pergama victis — aber der Unterschied der Tempora bleibt doch bis in die spätesten Zeiten hinein
gewahrt. Dafs die Verschiebung des Konj. Plusq. natürlich auch
in anderen als den genannten Satzarten vorkommt, aber seltener,
erwähne ich nur, ohne weitere Beispiele hierherzusetzen.

§ 6. Erklärung der Verschiebung des Konjunktiv des Plusquamperfekts.

Zunächst mufs ich eine früher von mir vorgetragene Ansicht zurücknehmen. Gesch. d. Irrealis p. 35 habe ich unter anderem gesagt: Die Verschiebung von fuisset = esset neben dem Part. Perf. Pass. ist allgemeinlateinisch und hat ihren Grund, wie richtig von Ihm[1]) bemerkt wird, darin, dafs die ursprünglich temporale Bedeutung des Partizips verloren ging und dasselbe zum Adjektiv wurde. Diese Ansicht ist unhaltbar. Bei einzelnen Partizipien freilich werden wir den Übergang zur adjektivischen Bedeutung für die Veranlassung halten müssen, dafs fueram gebraucht wurde, aber zunächst doch nur durchaus unterschieden von eram, weil dieses mit dem zum Adjektiv gewordenen Partizip nicht mehr den vollendeten, sondern den dauernden Zustand in der Vergangenheit ausdrückte. Auch sind die Plautinischen Perfecta miratus fui, oblitus fui nach Madvig von uns oben (S. 59) so erklärt worden. Die weitaus gröfste Mehrzahl der Participia aber hat thatsächlich ihre ursprüngliche Bedeutung nie verloren und ist nie zum Adjektiv geworden. Wie merkwürdig wäre es auch, wenn die angenommene Bedeutungsveränderung des Partizips zwar den Ersatz von eram durch fueram schon seit alten Zeiten herbeigeführt, aber — und das ist der Fall — den von fuit für est bis in die spätesten Zeiten des Lateins hinein vermieden hätte! Dagegen steht nichts im Wege, die Verschiebung von fuisset als eine notwendige Folge der Verschiebung von fuerat darzustellen, welches die Vulgärsprache nach unserer Hypothese schon längst gleichbedeutend mit erat gebrauchte. Nach Analogie dieser Verschiebung also schlofs zunächst die Vulgärsprache die Verschiebung von fuisset, dann weiter potuisset, debuisset, habuisset an, wofür der Sprachgebrauch des Vitruv zeugt. Aus der Vulgärsprache ist nun die Verschiebung in die Schriftsprache der Gebildeten nur langsam eingedrungen, unterstützt durch die in vielen sprachlichen Erscheinungen hervortretende Neigung der Römer, etwas als vollendet zu setzen, was eigentlich noch nicht vollendet ist[2]). Ich brauche nur an ne quis emisse velit, volo factum, si fuero, si

---

[1]) Quaestiones syntacticae de elocutione Tacitea etc. Diss., Giefsen 1882, p. 23.

[2]) Gesch. des Irrealis, p. 57 f.

potuero u. ä. zu erinnern. Aber alles dies reicht nicht aus, die Thatsachen des in Afrika herrschenden Sprachgebrauchs zu erklären. Wenn — für einzelne Prämissen dieser Schlufsfolgerung sei von dem Sprachgebrauch Vitruv's abgesehen — fueram neben dem Partizip zuerst bei Apulejus zu überwiegen, wenn fuisset in derselben Verbindung gleichfalls zuerst bei den Afrikanern gröfsere Verbreitung zu gewinnen beginnt, wenn die Verschiebung von fuerat aufser jener Verbindung sowie die daran anschliefsende von potuerat, debuerat etc., ferner die von fuisset, potuisset und anderen Verben vornehmlich in Finalsätzen ebenfalls zuerst in Afrika allgemein gröfseren Umfang annahm, wenn ferner, wie dies hauptsächlich die Bedingungssätze erkennen lassen, neben dieser Vertauschung die Verwendung des präteritalen Imperfekts des Konj. eine in anderen Provinzen nirgends hervortretende Eigentümlichkeit der Afrikaner bildet, so scheint mir zur Deutung aller dieser Erscheinungen die auch in den übrigen Provinzen vorhandene vulgäre Unterlage der Verschiebung von fuerat nicht zu genügen. Ich habe hierin a. a. O. p. 33 ff. einen Punismus erkannt und gesagt: „Da also die Semiten ein und dieselben Formen einerseits sowohl in präteritalem und präsentischem und sogar futuralem Sinne verwenden, und andererseits dieselben Formen auch da gebrauchen, wo das lateinische Indikativ und Konjunktiv scharf unterscheidet, so ist es leicht begreiflich, dafs die punische Bevölkerung Afrikas für die Unterscheidung der präteritalen Formen, zumal der Konjunktive in ihren verschiedenen Verwendungen wenig Verständnis mitbrachte und wohl glauben mochte, sie habe völlig gleichwertige Formen vor sich, die nur der Variation halber vorhanden seien".

Von dieser Ansicht abzugehen sehe ich keinen Grund, auch nachdem Sittl den bisherigen Anschauungen über Vulgärlatein den Krieg erklärt hat[1]). Die Resultate unserer Untersuchung stimmen genau zu dem, was Miodónski, Archiv VIII, p. 146 ff., Sittl entgegnet hat: „Der Grundsatz spernere se sperni war den Römern unbekannt, darum hat niemand mit Bewufstsein vulgär geschrieben. Aber es gab doch Autoren, die zu dürftigen Unterricht genossen hatten, um korrekt schreiben zu können . . . sie wollten nicht vulgär schreiben, jedoch sie konnten nicht anders." Und p. 146: „Wenn wir trotzdem mehr Fundgruben des Volks-

[1]) Jahresbericht über Vulgärlatein in Bursian's Jahresberichten 1891, Bd. 68.

lateins annehmen (als die Appendix Probi und Trimalchio's Gast-
freund), so sind wir uns doch dessen bewufst, dafs das Material,
welches uns diese Quellen bieten, spärlich ist und dafs sie uns
keine reine Anschauung des wirklichen Vulgärlateins in irgend
einer Epoche geben. Dazu kommt, dafs die Beschaffenheit und
die Bedeutung dieser Quellen eine sehr verschiedene ist, weshalb
denn auch bei der Verwertung desselben eine grofse Vorsicht ge-
boten ist." Was Sittl p. 236 sagt: „Das sogenannte afrikanische
Latein ist gröfstenteils Apulejanische Rhetorik. Im Jahre 400 etwa
dehnte es seine Herrschaft auch über die Rhetorikschulen von Süd-
frankreich aus", mag einen Kern von Wahrheit in sich tragen,
die von uns geschilderte Verwechselung der Tempora in Afrika
findet darin auch nicht die geringste Erklärung. Speziell gegen
meine Hypothese hat in einer freundlichen Besprechung a. a. O.
Sittl p. 258 folgendes eingewendet: „Selbst der Gebildete konnte
den freien Gebrauch des Plusq. Konj. rechtfertigen durch die Freiheiten, welche sich das Hochlatein mit dem Indikativ herausnahm;
ich erinnere nur an Tacitus. Übrigens ist die Irrealisfrage zum
grofsen Teil keine rein grammatische, sondern eine psycholog-
stilistische, wenn wir die Symmetrie des Satzpaares ins Auge fassen.
Ihre Formulierung würde etwa sein: Haben beide Sätze das gleiche
Tempus, den gleichen Modus, oder differieren sie in einem oder
gar in beiden?" Der zuletzt erwähnte Gesichtspunkt war mir nicht
fremd, aber ich würde mich freuen, wenn jemand auf dieser Basis
eine neue Lösung der Frage versuchte. Der mit Beziehung auf
Taciteïschen Sprachgebrauch erhobene Einwand aber ist, wenn ich
nicht irre, durch unsere Untersuchung selbst widerlegt. Während
die Verschiebung von fueram neben dem Partizip in der Litteratur
längst durchgedrungen war, hat es Jahrhunderte gedauert, bis
der Konjunktiv folgte; Freiheiten also, die man sich mit dem
Indikativ gestattete, lassen auf die Möglichkeit ebenso freier Verwendung des Konjunktivs mit nichten schliefsen, und endlich haben
wir bei Tacitus gar keine Verwendung des Plusq. erkennen können,
die nicht in Übereinstimmung stände mit der Grundbedeutung
dieses Tempus.

§ 7. Der Konjunktiv des Plusquamperfekts als Jussivus.

Das Altlatein kennt diesen Gebrauch nicht. Die Stellen aus
Cicero und Seneca phil. sind gesammelt bei Dräger I, p. 310,

vgl. Kühner II, § 47, 7, Madvig zu Cic. fin. 2, 35 (fecisset): Rosc. Am. 72 venisses; Sest. 45 restitisses, repugnasses, mortem pugnans oppetisses — dedisses; fin. 4, 57 saltem aliquid de pondere detraxisset; p. domo 132 retulisses. Mit Negation Verr. 3, 195 frumentum ne emisses; Att. 2, 1, 3 aut ne poposcisses. Verr. 1, 107 imitatus esses, 5, 168; nat. d. 1, 89; Prop. 5, 7, 30; Ovid. her. 10, 77; 12, 15; am. 2, 16, 17. Sen. ad Pol. 25, 3 ne convertisses, ad Marc. 13, 1 putasses. Öfter finden wir diese Verwendung bei Seneca dem Älteren: p. 146, 23 vidisses membra vinculis pressa, macie retractos introrsus oculos, attritas catenis et inutiles manus: talem quis amare nisi misericors potest? 183, 23 si volebas rogare, admovisses propinquos. 250, 3 si bene de te meruerat, patrem pro filio rogasses. 315, 1 parricida, sic etiam tu perisses. 370, 10 dixisses, inquit, te non posse, vielleicht auch 307, 8 si non poteras, negasses et misisses ad me, non posse te, und 307, 10 dixisses, inquit, te non posse. Pabst Leo serm. 9, 2 quem si . . . non videbas . . . in Davidica saltem voce didicisses, ne Iesum Christum David filium denegares, quem David dominum non fateris. Ep. 10, 2 apprehendisset, 10, 2 si de hoc Christianae fidei fonte purissimo sincerum intellectum haurire non poterat . . doctrinae se evangelicae subdidisset . . expetisset . . . contulisset et invenisset. Et ne de huius seminis proprietate dubitaret, secutus fuisset apostolum dicentem. Weitere Beispiele sind mir nicht bekannt.

~~~~~~~~~~

Zusammenfassung der Ergebnisse und Schluſs.

Ein sogenanntes absolutes Plusquamperfektum giebt es weder im Haupt- noch im Nebensatze, vielmehr wird das Plusq. regelmäſsig bezogen und sind zwei Arten der Beziehung zu unterscheiden. Einmal kann es bezogen sein auf eine vorausgehende vergangene Handlung, sei es daſs diese durch eine Tempusform präteritaler Bedeutung besonders ausgedrückt ist, oder dem Redenden nur in Gedanken vorschwebt. Zweitens aber wird es — und man kann diesen Gebrauch den rhetorischen Gebrauch des Plusq. nennen — mit Beziehung auf eine folgende vergangene Handlung gesetzt, und diese ist dann regelmäfsig durch eine Tempusform ausgedrückt.

Daneben aber ist der Indikativ des Plusquamperfekts schon im alten Latein verschoben worden, so dafs von gewissen Verben das Plusq. in einer von dem Imperfekt oder Perfekt nicht verschiedenen Bedeutung gebraucht wurde. Diese Verschiebung ist ausgegangen von fuerat, und die Veranlassung der Verschiebung war eine zuerst in der Sprache des täglichen Lebens hervortretende Kombinationsausgleichung der beiden in dem gleichen Falle mögglichen Formen des Perfekts und Imperfekts: fui und eram. Der Analogie von fueram folgten die Verba des Könnens und Müssens, sowie habueram, aber erst im Spätlatein auch andere Verba. Vielleicht hat zur Verschiebung von potueram u. a. auch mitgewirkt die Verwendung dieser Verben im indikativischen Nachsatz des Bedingungssatzes, wo sie dem Konjunktiv des Plusquamperfekts im Vordersatze sich nicht nur formell, sondern auch inhaltlich anglichen. Wir nehmen nämlich eine noch frühere Verschiebung des Konj. Plusq. in Bedingungs- und Wunschsätzen an, der dort an Stelle der ursprünglichen Bedeutung eines Präteritums in der Vergangenheit die eines einfachen Präteritums angenommen hatte. Übrigens ist von dieser Verschiebung der Verba des Könnens und Müssens im Altlatein nur ein einziges Beispiel nachgewiesen, während fueram sowohl neben dem Partizipium als neben Adjektiven, mit welchen zusammen es einem Verbum des Könnens oder Müssens gleich oder ähnlich ist, als auch aufser diesen Verbindungen häufig zur Bedeutung von eram oder fui verschoben ist.

Gegen die Unklarheit der Rede, welche durch diese Verschiebung notwendigerweise hervorgerufen wurde, reagierte das klassische Latein, indem es die volkstümliche Verschiebung aus der Schriftsprache verbannte. Immerhin gingen selbst dem Caesar und Cicero einige Ungenauigkeiten durch, bei letzterem vornehmlich in den Briefen, während diese bei Livius und den Dichtern — bei letzteren wohl um der Bequemlichkeit des Versmafses willen — schon stärker hervortreten. Völlig klar aber tritt die vulgäre Unterströmung bei Vitruv und den Verfassern des Bellum Africanum und Hispaniense heraus. Während nun in Italien und Gallien die Verschiebung bei den uns erhaltenen Autoren nur geringe Fort-

schritte macht, sehen wir dieselbe bei den afrikanischen Autoren
schon von der zweiten Hälfte des 2. Jahrhunderts an so stark
wuchern, dafs sie sogar in einem Falle — fueram neben dem
Partizip Perf. Pass. — eram zu verdrängen beginnt. In dieser
Eigentümlichkeit des afrikanischen Lateins, die natürlich in verschiedenen Abstufungen je nach Herkunft und Bildung des Autors
sich geltend macht, mufsten wir einen Punismus erblicken. Die
Eigentümlichkeit des semitischen Idioms, welches nur Unterschiede
der Zeitart, nicht aber der Zeitstufe kennt, verhalf dem in der
Volkssprache schon längst verschobenen fuerat zur Herrschaft
auch bei gebildeten Autoren. Erst etwa 200 Jahre später sehen
wir denselben Gebrauch auch bei gallischen und italischen Autoren
wenigstens für fueram neben Part. Perf. Pass. durchdringen; und
die Zeit des Spätlateins, die der von Foth beschriebenen romanischen Verschiebung zunächstliegt, zeigt allenthalben die deutlichen
Hinweise auf den ältesten Sprachgebrauch des Romanischen.

Nicht dasselbe Schicksal hatte der Konjunktiv des Plusquamperfekts. Während der Indikativ nur teilweise im Lateinischen
und Romanischen verschoben worden ist, im Romanischen aber
eine zweite Verschiebung zur Gegenwart erlitten hat, war bei dem
Konj. Plusq. schon im alten Latein die obenerwähnte erste Verschiebung in Bedingungs- und Wunschsätzen eingetreten; aber die
der von fuerat entsprechende Verschiebung von fuisset aufserhalb
jener Sätze ist erst in seltenen Spuren seit dem klassischen Latein
nachzuweisen. Die Afrikaner sind es wieder, die die vulgäre,
zuerst bei Vitruv stärker hervortretende Verschiebung definitiv in
die Litteratur einführten, nach unserer Auffassung wieder infolge
derselben Eigentümlichkeit des Punischen, die auch der Verschiebung des fuerat zum Durchbruch verhalf. Wiederum erst mehrere
Jahrhunderte später, wenn wir von Vitruv absehen, beginnt in
Italien und Gallien dieser Gebrauch sich in der Schriftsprache
etwas stärker zu verbreiten. Mit etwa dem Jahre 400 aber greift
die Verschiebung auch hier um sich, um allmählich in den Zeiten,
die der Bildung der romanischen Sprachen vorausgehen, den Konjunktiv des Imperfekts, der jetzt formell sich mit Konj. Präs. und
Perf. vermischte und also zum Gebrauch untauglich wurde, völlig zu
verdrängen. Als Jussivus endlich ist der Konj. Plusq. erst seit der
klassischen Zeit und selten in Gebrauch.

Eine besondere Behandlung des Plusq. in Nebensätzen, welches nach unserer Auffassung immer bezogen sein mufs, habe

ich nicht für nötig gehalten. Ebenso schien mir eine Behandlung der im Laufe der Sprachentwickelung fortschreitenden Verwendung des Plusq. Konj. im Nebensatze, welcher m. E. überall nichts anderes als ein Potentialis der Vergangenheit ist, überflüssig, da die Thatsachen der Sprachgeschichte der Hauptsache nach bekannt sind und es sich nur noch um die Frage der Natur dieses Konjunktivs handeln kann. Wenn ich schliefslich auch nicht erwarten darf, allen Ansprüchen an eine Geschichte des Plusquamperfekts zu genügen, so hoffe ich doch ein Stück lateinischer Sprachgeschichte durch diese Untersuchung einigermafsen erhellt zu haben.

Verzeichnis besprochener Sachen und Stellen.

Die fetten Ziffern verstehen sich als Seitenzahlen.